Contextos de interpretación social en España

STUDIEN ZUR ROMANISCHEN SPRACHWISSENSCHAFT UND INTERKULTURELLEN KOMMUNIKATION

Herausgegeben von
Gerd Wotjak, José Juan Batista Rodríguez und Dolores García-Padrón

BAND 191

Lausanne - Berlin - Bruxelles - Chennai - New York - Oxford

Paola Nieto García

Contextos de interpretación social en España

Lausanne - Berlin - Bruxelles - Chennai - New York - Oxford

Bibliografische Information der Deutschen Nationalbibliothek
Die Deutsche Nationalbibliothek verzeichnet diese Publikation in der Deutschen Nationalbibliografie; detaillierte bibliografische Daten sind im Internet über http://dnb.d-nb.de abrufbar.

Consejería de Ciencia, Universidades e Innovación
de la Comunidad de Madrid y Fondo Social Europeo

UNIÓN EUROPEA
Fondo Social Europeo
El Fondo Social Europeo invierte en tu futuro

ISSN 1436-1914
ISBN 978-3-631-88822-3 (Print)
E-ISBN 978-3-631-88823-0 (E-PDF)
E-ISBN 978-3-631-88824-7 (EPUB)
DOI 10.3726/b20119

© 2023 Peter Lang Group AG, Lausanne
Verlegt durch:
Peter Lang GmbH, Berlin, Deutschland

info@peterlang.com - www.peterlang.com

Alle Rechte vorbehalten.

Das Werk einschließlich aller seiner Teile ist urheberrechtlich geschützt. Jede Verwertung außerhalb der engen Grenzen des Urheberrechtsgesetzes ist ohne Zustimmung des Verlages unzulässig und strafbar. Das gilt insbesondere für Vervielfältigungen, Übersetzungen, Mikroverfilmungen und die Einspeicherung und Verarbeitung in elektronischen Systemen.

Prólogo

La interpretación en los servicios públicos es un servicio fundamental para garantizar el acceso de algunos colectivos inmigrantes a la educación, la atención sanitaria y la justicia. Se trata de una actividad consolidada en países como Australia, Estados Unidos, Reino Unido o Canadá, que tiene su reconocimiento en la figura de los intérpretes, pero, como advierten numerosas instancias, entre ellas, la Comisión Europea, las universidades y numerosas asociaciones de traductores e intérpretes, se trata de una profesión no regulada que carece de normas uniformes en lo que respecta a la calidad, la formación, la deontología y la remuneración en el ámbito europeo.

Bien es verdad que se han realizado progresos en aras de la calidad, como la aplicación de la Directiva 2010/64/UE que regula el derecho a interpretación y traducción en los procesos penales, de las normas ISO 13611:2014 «Interpreting – Guidelines for community interpreting», la norma ISO 20228:2019 «Interpreting services – Legal interpreting - Requirements», la norma ISO 21998:2020 «Interpreting services – Healthcare interpreting – Requirements and recommendations» o la creación en España de la Asociación Profesional de Traductores e Intérpretes Judiciales y Jurados (APTIJ), con un código deontológico para guiar las actuaciones de los intérpretes. No obstante, los constantes y cambiantes flujos migratorios condicionados por guerras o contextos de opresión político-social, el aumento poblacional, el cambio climático y la reciente pandemia influyen de forma sustancial en la interpretación en los servicios públicos, y requieren, en consecuencia, una actualización de sus normas y recursos.

Así, los contextos de interpretación social o en los servicios públicos suponen un verdadero reto a la hora de formar a futuros profesionales para cualquier país. Pues en la formación integral de los intérpretes es necesario considerar el desarrollo de destrezas lingüísticas, culturales y socioafectivas, el conocimiento del entorno en el que tiene lugar la comunicación, el código deontológico, así como la aplicación de recursos tecnológicos especializados. Solo de este modo podrán los intérpretes afrontar la compleja toma de decisiones que supone la mediación lingüística e intercultural entre personas e instituciones.

En este sentido, la obra *Contextos de interpretación social en España* ofrece un panorama exhaustivo sobre la Traducción e Interpretación para los Servicios Públicos en España, sustentado en información actualizada, y acompañado de propuestas didácticas muy útiles para todas aquellas personas que deseen acercarse a esta profesión o profundizar en ella. Se trata, sin duda, de un libro que será muy valorado tanto por estudiantes de Traducción e Interpretación como por docentes y profesionales de este sector. Por ello no podemos sino felicitarnos por la publicación de este trabajo tan sólido y conveniente al mismo tiempo.

Dra. Ingrid Cáceres Würsig
Profesora Titular de la Universidad de Alcalá
Miembro del grupo de investigación FITISPos

Agradecimientos

Al proyecto INMIGRA-3, al grupo UE-Traducción y a la Dra. Celia Rico, por darme las herramientas necesarias para llevar a cabo esta investigación.

A la Dra. Ingrid Cáceres, por ser la primera en ponerme al frente de una clase de interpretación y respaldar cada una de mis decisiones. Y a mis alumnos, de los que aprendo todos los días.

A la Dra. Elke Cases, apoyo incondicional, azote constante y ejemplo de talento y capacidad de trabajo.

A Mercedes y Sonia, porque saben lo que es verdaderamente importante.

A David, por creer en mí más que yo. Por las horas que me ha cubierto las espaldas, por apoyarme siempre y por ser aliento en los momentos difíciles.

A Thiago, por cambiarme la vida.

*A Thiago,
immer und ewig.*

Índice

Prólogo 5

Agradecimientos 7

0. Introducción 15

1. Panorámica de la inmigración en España y en la UE 17

2. Contexto de interpretación: los centros escolares 21
   2.1. Principios y objetivos del sistema educativo en España 21
   2.2. Organización de las enseñanzas 23
      2.2.1. La educación infantil 24
      2.2.2. La educación básica 24
         2.2.2.1. La educación primaria 25
         2.2.2.2. La educación secundaria obligatoria 26
         2.2.2.3. Ciclos formativos de grado básico 29
      2.2.3. La educación secundaria postobligatoria 29
         2.2.3.1. El bachillerato 30
         2.2.3.2. Los ciclos formativos de grado medio 32
         2.2.3.3. Enseñanzas artísticas profesionales de música y danza 33
         2.2.3.4. Enseñanzas profesionales de artes plásticas y diseño 33
         2.2.3.5. Enseñanzas deportivas 33
   2.3. Integración en el sistema educativo español 34
   2.4. Propuesta de actividades formativas 35

3. Contexto de interpretación: las ONG 37

    3.1. El concepto de organización no gubernamental (ONG) 37
    3.2. Tipos de organizaciones no gubernamentales 38
        3.2.1. Las asociaciones 41
        3.2.2. Las fundaciones 49
        3.2.3. Diferencias entre asociaciones y fundaciones 56
    3.3. Creación de una ONG 58
        3.3.1. Financiación de una ONG 58
        3.3.2. Formas de colaborar con una ONG 59
    3.4. Propuesta de actividades formativas 60

4. Contexto de interpretación: los centros sanitarios 63
    4.1. Marco legal del sistema sanitario español 63
    4.2. Organización del sistema sanitario español 64
    4.3. Prestaciones del Sistema Nacional de Salud 68
        4.3.1. La atención primaria y la atención especializada 69
        4.3.2. Beneficiarios del Sistema Nacional de Salud 70
    4.4. Propuesta de actividades formativas 71

5. Contexto de interpretación: los tribunales de justicia 73
    5.1. Marco legal del sistema judicial español 73
        5.1.1. El Ministerio Fiscal 74
    5.2. La organización de la justicia 76
        5.2.1. Los juzgados de Paz 77
        5.2.2. Los juzgados de Primera Instancia e Instrucción 77
        5.2.3. Los juzgados de lo Mercantil 78
        5.2.4. Los juzgados de Violencia sobre la Mujer 78
        5.2.5. Los juzgados de lo Penal 80
        5.2.6. Los juzgados de lo Contencioso-Administrativo 80
        5.2.7. Los juzgados de lo Social 81
        5.2.8. Los juzgados de Menores 81

5.2.9. Los juzgados de Vigilancia Penitenciaria 82
5.2.10. El Tribunal Supremo 82
5.2.11. La Audiencia Nacional 85
5.2.12. Los Tribunales Superiores de Justicia 86
5.2.13. Las Audiencias Provinciales 87
 5.2.13.1. El Tribunal del Jurado 87
5.3. Asistencia jurídica gratuita 88
 5.3.1. Procedimiento de solicitud de justicia gratuita 91
5.4. La interpretación en los procesos penales 96
5.5. Propuesta de actividades formativas 98

6. Contexto de interpretación: inmigración y protección internacional 99

6.1. Definiciones importantes en materia de migración 99
6.2. Presentación de solicitudes de protección internacional 100
6.3. Derechos y obligaciones de los solicitantes 106
6.4. Fase de tramitación 107
 6.4.1. Solicitudes aceptadas a trámite 109
6.5. Efectos de la concesión de la protección internacional 110
 6.5.1. Extensión familiar del derecho de asilo o de la protección subsidiaria 110
6.6. Cese de la protección internacional 112
6.7. Propuesta de actividades formativas 112

Referencias bibliográficas 115

0. Introducción

La interpretación social es aquella que tiene lugar entre los empleados de distintos servicios públicos y usuarios que, normalmente, tienen un nivel educativo, cultural, adquisitivo y social inferior (Valero Garcés, 2002) o bien sujetos que, por la situación en la que se ven involucrados, se encuentran en una inferioridad de condiciones transitoria (Nieto García, 2005). Pero los «servicios públicos», plantean al intérprete una variedad de contextos muy elevada, algo que no ocurre cuando trabaja en organizaciones internacionales.

Un intérprete que trabaja en plantilla en una organización como las Naciones Unidas o la Comisión Europea conoce su funcionamiento y está familiarizado con sus procesos, algo fundamental a la hora de poder realizar una interpretación de calidad.

Nieto García (2023) realizó una investigación con estudiantes de interpretación en los ámbitos social e institucional sobre la pertinencia de impartir formación teórica relativa a los contextos en los que desempeñarían su profesión: los centros educativos, las ONG, el ámbito sanitario, los tribunales de justicia, la inmigración y la protección subsidiaria.

El primero de los contextos sobre el que se realizó el estudio fue el contexto educativo. El 100 % de los futuros intérpretes consideró necesaria contar con una formación teórica previa en este ámbito.

En lo que se refiere a la necesidad de disponer de conocimientos teóricos a la hora de realizar interpretaciones en ONG, el 100 % de los estudiantes de interpretación lo consideró indispensable. El 77,8 % fue más allá y afirmó que sin estos conocimientos previos no creen que hubieran podido trabajar con solvencia.

El siguiente contexto presentado fue el del ámbito sanitario. El 100 % de los estudiantes de interpretación que participaron en la investigación manifestó que consideraba necesario recibir formación teórica previa sobre este ámbito para poder hacer un trabajo de calidad. Un 1,1 % de ellos indicó que sus conocimientos previos le hubieran permitido trabajar adecuadamente mientras que el 88,9 % expresó lo contrario.

El último contexto examinado fue el jurídico, que engloba no solo las intervenciones ante los tribunales, sino también aquellas de marcado carácter jurídico, como es el caso de la inmigración y la protección internacional (Ortega Herráez, 2022). El 100 % de los participantes en el estudio consideró que se trataba de una formación necesaria y que con sus conocimientos previos no hubiera podido desempeñar un trabajo satisfactorio.

Así pues, esta obra surge como resultado de las necesidades detectadas en este estudio y pretende recoger y agrupar la información esencial que facilite el buen hacer de los intérpretes en los servicios públicos.

1. Panorámica de la inmigración en España y en la UE

España es un país receptor de inmigrantes. Según datos de junio de 2022, más del 10 % de la población total es de origen extranjero y el número de inmigrantes que llegaron a España en 2021 superaría los 450.000. En 2021, casi 42.000 personas entraron en el país de forma irregular, 40.100 de ellos lo hicieron por vía marítima a bordo de más de 2.100 embarcaciones que llegaron tanto a las costas peninsulares como al archipiélago canario donde, concretamente, desembarcaron más de 22.300 inmigrantes irregulares, es decir, más del 55,6 % del total de inmigrantes irregulares entraron al país por las Islas Canarias (Fernández, 2022a).

La Unión Europea (Consejo Europeo, 2022) reconoce tres rutas de entrada de inmigrantes al continente europeo: la ruta del Mediterráneo oriental, las rutas occidentales y la ruta del Mediterráneo central.

La primera de ellas, la ruta del Mediterráneo oriental, tiene como destinos Grecia, Chipre y Bulgaria. Fue una ruta muy frecuentada por los refugiados que huían de la guerra de Siria pero los flujos disminuyeron con los acuerdos de cooperación que la Unión Europea firmó con Turquía (*ibidem*).

Por su parte, las rutas occidentales se dividen a su vez en 1) la ruta del Mediterráneo occidental y 2) la ruta del África occidental (Consejo Europeo, 2022a). La ruta del Mediterráneo occidental es la más utilizada por migrantes procedentes de Argelia y Marruecos y, en menor medida, migrantes procedentes del África subsahariana. Es una ruta que puede realizarse por tierra para llegar a Ceuta o Melilla o por mar a la Península Ibérica. El flujo migratorio de esta ruta ha disminuido también gracias a los acuerdos alcanzados entre los Gobiernos de Marruecos y España y a la colaboración de la Agencia Europea de la Guardia de Fronteras y Costas (Frontex).

La ruta del Mediterráneo central es una ruta por mar desde el norte de África, sobre todo desde Libia y, con posterioridad, desde Argelia. Este cambio de origen se debe a los esfuerzos de la Unión Europea en materia de cooperación con Siria para luchar contra los traficantes de inmigrantes y, de esta forma, reducir también la inmigración irregular que se embarca en la ruta desde este país (Consejo Europeo, 2022b). El grupo de trabajo mixto formado en 2017 por la Unión Europea, la Unión Africana y las Naciones Unidas se comprometió a trabajar para proteger la vida de los inmigrantes y refugiados que se embarcaban en esta ruta, sobre todo desde Libia. Con este fin tomaron medidas para acelerar el retorno voluntario al país de origen y el reasentamiento de aquellos que pudieran estar amparados por la protección internacional (Comisión Europea, 2017). En el año 2018 desde la Unión Europea se pidieron medidas adicionales a las acordadas el año anterior, entre ellas redoblar los esfuerzos para luchar contra los traficantes de inmigrantes, sobre todo en Libia; aumentar el apoyo a los países europeos especialmente afectados por los flujos migratorios, como es el caso de Italia; reforzar el apoyo a la Guardia Costera libia, mejorar las condiciones de acogida humanitarias y facilitar que los migrantes atrapados en Libia puedan volver a sus países de origen si así lo desean; mejorar la cooperación también con otros países de origen y tránsito de migrantes así como avanzar en la cooperación en materia de reasentamiento (Consejo Europeo, 2022b). En 2019, en el marco del Fondo Fiduciario de Emergencia de la UE para África, se crearon, además, cinco programas nuevos relacionados con la migración con el objetivo de asistir y proteger a refugiados y migrantes vulnerables, mejorar las condiciones de vida en los países de origen y fomentar la migración laboral y la movilidad (Comisión Europea, 2019).

El Parlamento Europeo (2020) indica que en materia de migración existen factores de empuje y factores de atracción. Los factores de empuje serían aquellas razones que llevan a una persona a abandonar su país y los factores de atracción serían los motivos por los que se marchan a un destino determinado. Existen tres factores principales de empuje y atracción: los factores sociopolíticos, los factores demográficos y económicos y los factores medioambientales.

En primer lugar, los factores sociopolíticos están relacionados con las persecuciones a las que se ven sometidos algunos grupos en función de su etnia, religión, raza, ideas políticas o la existencia o amenaza de una guerra o un conflicto. Cuando una persona tiene que huir de su país ante la existencia de un conflicto armado o una violación de los derechos humanos tiene más posibilidades de obtener la protección internacional (*ibidem*).

Los factores demográficos y económicos están relacionados con las condiciones laborales, la falta de empleo y la situación económica de un país. Una persona migra con el objetivo de salir de una situación de precariedad o mejorar sus oportunidades laborales, conseguir un nivel de vida más elevado y mejores oportunidades en el ámbito educativo. Estas personas, por lo tanto, no podrían estar amparadas por la protección internacional (Ruiz-Ayúcar, 2018; ACNUR, 2018).

Entre los factores medioambientales de empuje encontraríamos los desastres naturales que tienen lugar de manera repentina, tales como los huracanes, los terremotos, pero también los cambios progresivos en el medio ambiente que afectan negativamente a las condiciones de vida de las personas (OIM, 2015).

2. Contexto de interpretación: los centros escolares

2.1. Principios y objetivos del sistema educativo en España

La Ley Orgánica de Educación (LOE) 2/2006 de 3 de mayo, modificada por la Ley Orgánica 8/2013 de 9 de diciembre (derogada) y la Ley Orgánica 3/2020 de 29 de diciembre, recoge la estructura y la organización del sistema educativo no universitario. A efectos legales, según la redacción oficial, el Sistema Educativo Español queda definido de la siguiente manera:

> [...]el conjunto de Administraciones educativas, profesionales de la educación y otros agentes, públicos y privados, que desarrollan funciones de regulación, de financiación o de prestación de servicios para el ejercicio del derecho a la educación en España, y los titulares de este derecho, así como el conjunto de relaciones, estructuras, medidas y acciones que se desarrollen al efecto.

Los objetivos de la Ley Orgánica de Educación, tal y como puede verse en su preámbulo, serían los siguientes:

a) Mejorar la educación y los resultados educativos
b) Conseguir la escolarización exitosa de todos los alumnos en la educación obligatoria
c) Aumentar la tasa de escolarización
d) Aumentar las titulaciones
e) Educar para la ciudadanía democrática
f) Fomentar el aprendizaje a lo largo de toda la vida
g) Reforzar la equidad del sistema educativo
h) Converger con los países de la Unión Europea

La LOE, en su versión final, establece que la educación en España se asienta en base a una serie de principios fundamentales:

a) El respeto de la Convención sobre los Derechos de la Infancia de las Naciones Únicas de 1989, en la que se reconoce el derecho a la educación y el derecho a la no discriminación de los niños por cualquier condición o circunstancia personal o social, siendo el Estado el responsable último de velar por el cumplimiento de estos derechos.

b) La inclusión educativa que asegure la igualdad de derechos y oportunidades para hombres y mujeres y que favorezca el equilibrio ante desigualdades sociales, culturales, económicas y personales, especialmente para las personas con discapacidad, tal y como establece la Convención sobre los Derechos de las Personas con Discapacidad.

c) La divulgación y aplicación de valores en pro de la libertad, la responsabilidad, la solidaridad, el respeto, la igualdad y la justicia.

d) La percepción de la educación como un proceso permanente que se extiende a lo largo de toda la vida.

e) La flexibilidad para adaptar la educación a las aptitudes, a los intereses, las necesidades y las expectativas de los alumnos, en una sociedad en continua evolución.

f) La orientación académica y profesional, como herramienta fundamental para ofrecer una experiencia personalizada y que integre los conocimientos, los valores y las destrezas.

g) El esfuerzo y la motivación de los estudiantes de forma individual y de la comunidad educativa en su conjunto.

h) La educación para la convivencia, para el respeto, la prevención y la resolución pacífica de conflictos, que elimine el uso de la violencia y enseñe a los estudiantes a reconocerla en todas sus formas, incluido el ciberacoso.

i) El reconocimiento de la labor docente como fundamental en la calidad de la educación.

j) El fomento de la innovación educativa, de la experimentación y la investigación.

k) La cooperación entre las comunidades autónomas y el Gobierno central en la definición, aplicación y evaluación de las políticas educativas, así como en su planificación e implementación.

l) La evaluación de la programación y organización del sistema educativo y de sus resultados.

m) La libertad de los padres a la hora de elegir centro y modelo educativo para sus hijos.

n) La transición ecológica como elemento fundamental para la sostenibilidad.

Y estos principios fundamentales estarían encaminados al cumplimiento de una serie de objetivos, como son:

a) El desarrollo de las capacidades y la personalidad de los estudiantes.
b) La educación para el respeto de las libertades y derechos fundamentales, de la igualdad y la no discriminación sea cual fuere el motivo.
c) La educación para una ciudadanía democrática, la prevención y la resolución pacífica de los conflictos.
d) La educación en el esfuerzo y la responsabilidad individual, así como el desarrollo de la creatividad, la iniciativa y el espíritu emprendedor, haciendo que los alumnos confíen en sus aptitudes y sean capaces de regular su aprendizaje.
e) La educación para la paz, la solidaridad, el respeto de los derechos humanos, el respeto al medio ambiente y al desarrollo sostenible.
f) La formación en el reconocimiento y el respeto de la pluralidad lingüística y cultural del país, sin olvidar la capacitación para comunicarse en distintas lenguas oficiales o en una o varias lenguas extranjeras.
g) La adquisición de hábitos intelectuales y conocimientos, así como de hábitos saludables, como el ejercicio físico.
h) La capacitación para insertarse en la vida social, económica y cultural.
i) La capacitación para insertarse en la sociedad digital, haciendo un uso correcto de los medios y respetando el derecho a la intimidad individual y colectiva.

2.2. Organización de las enseñanzas

El sistema educativo en España consta de las siguientes enseñanzas (Ley Orgánica 2/2006): educación infantil, educación primaria, educación secundaria obligatoria, bachillerato, formación profesional, enseñanza de idiomas, enseñanzas artísticas, enseñanzas deportivas, educación de personas adultas (aprendizaje a lo largo de la vida) y enseñanza universitaria.

Estas enseñanzas se dividen a su vez en educación primaria, educación secundaria, educación superior, y enseñanza universitaria (Ley Orgánica 3/2020).

2.2.1. La educación infantil

La educación infantil no es una enseñanza obligatoria (Ley Orgánica 2/2006, Ley Orgánica 3/2020), sino que tiene carácter voluntario. Es la enseñanza dirigida a los niños más pequeños, entre los 0 y los 6 años de edad, y se divide en dos ciclos: 1) primer ciclo de infantil, que se imparte entre los 0 y los 3 años, y 2) segundo ciclo de infantil, que se imparte entre los 3 y los 6 años.

Los objetivos que pretende alcanzar la educación infantil en los niños son los siguientes:

a) Desarrollar las capacidades afectivas.
b) Conocer su propio cuerpo y lograr una imagen equilibrada y positiva, entender y respetar las diferencias.
c) Adquirir pautas elementales de convivencia y relaciones sociales, el uso de la empatía y la resolución pacífica de conflictos.
d) Descubrir las características físicas y sociales del entorno que les rodea.
e) Adquirir autonomía en las actividades habituales.
f) Desarrollar habilidades comunicativas utilizando el lenguaje y otras formas de expresión.
g) Trabajar los movimientos, gestos y ritmo, así como iniciarse en las habilidades lógico-matemáticas y en la lectoescritura.
h) Promover la igualdad de género.

El segundo ciclo de educación infantil tiene carácter gratuito y las Administraciones tienen la obligación de garantizar suficientes plazas en centros públicos y concertar plazas en centros privados. La oferta de plazas públicas en primer ciclo también irá aumentando y los centros podrán ofertar el ciclo completo o una parte del mismo (*ibidem*).

Especialmente en el último año del segundo ciclo de educación infantil se fomenta la aproximación a una lengua extranjera.

2.2.2. La educación básica

De acuerdo con la Ley Orgánica 3/2020, la educación básica engloba a la educación primaria, la educación secundaria obligatoria y los ciclos formativos de grado básico.

2.2.2.1. *La educación primaria*

La educación primaria se imparte a niños de entre 6 y 12 años y tiene carácter obligatorio y gratuito. Se divide en tres ciclos de dos años académicos cada uno, y al acabar cada uno de los ciclos, el tutor o tutora elaborará un informe donde se recoja el grado de adquisición de las competencias por parte del alumno (Ley Orgánica 2/2006, Ley Orgánica 3/2020).

En esta etapa, los objetivos que se pretenden alcanzar son los siguientes:

a) Conocer y respetar los valores básicos de convivencia en una sociedad democrática.
b) Definir ámbitos de trabajo individual y de equipo, el sentido crítico, la iniciativa, la responsabilidad, la confianza, la creatividad y el espíritu emprendedor.
c) Adquirir habilidades para prevenir y resolver conflictos de forma pacífica en todos los ámbitos.
d) Conocer y respetar las diferencias culturales e individuales, fomentar la igualdad y la no discriminación por cualquier causa.
e) Desarrollar hábitos de lectura. Conocer y utilizar correctamente el castellano y la lengua cooficial, en caso de existir.
f) Adquirir una competencia comunicativa básica en, al menos, una lengua extranjera.
g) Desarrollar competencias matemáticas básicas, resolver problemas con operaciones fundamentales de cálculo, adquirir conocimientos geométricos y ser capaz de realizar estimaciones y aplicar los razonamientos a la vida cotidiana.
h) Adquirir conocimientos básicos culturales y relativos a las ciencias naturales, las ciencias sociales, la geografía y la historia.
i) Desarrollar competencias tecnológicas básicas e iniciarse en el uso de la tecnología, con un espíritu crítico.
j) Fomentar la expresión artística y crear propuestas visuales y audiovisuales.
k) Entender la importancia de la higiene y la salud, del respeto de todos los cuerpos y valorar el deporte y la alimentación como elementos que benefician el desarrollo personal y social.
l) Conocer, valorar, cuidar y respetar a los animales más próximos a los seres humanos.

m) Desarrollar la capacidad afectiva y las actitudes contrarias a la violencia, los prejuicios y los estereotipos.
n) Desarrollar hábitos de movilidad autónomos y saludables, con especial hincapié en la educación vial y la prevención de accidentes.

En esta etapa se priorizará la inclusión y la atención personalizada al alumnado, así como la prevención de las dificultades de aprendizaje y la utilización de metodologías alternativas en caso de detectarse. Se considerarán competencias transversales la educación emocional y en valores, la autonomía, la reflexión, la educación para la salud y para la paz, el consumo responsable y el desarrollo sostenible. Asimismo, en todas las áreas se trabajará la expresión oral y escrita, la comunicación audiovisual, la competencia digital, la creatividad, la iniciativa y el emprendimiento (Ley Orgánica 2/2006, Ley Orgánica 3/2020).

El hábito y el dominio de la lectura adquieren una especial relevancia en esta etapa y se establece que todos los centros deben dedicar un espacio de tiempo al día para esta práctica. Igualmente, la Administración educativa promoverá planes de fomento de la lectura y de alfabetización. Aquellos alumnos que presenten dificultades a la hora de comprender y expresarse en una lengua extranjera disfrutarán de medidas de flexibilización y alternativas metodológicas (*ibidem*).

Tras cada uno de los ciclos, el tutor redactará un informe señalando la adquisición o no de las competencias por parte del alumno e indicará, en caso necesario, las medidas que deben adoptarse en el siguiente ciclo o etapa. En caso de considerarse necesario, y siempre tras haber implementado las medidas suficientes y personalizadas, un alumno podrá repetir un curso con un plan específico que le permita alcanzar las competencias establecidas. Se trata de una medida excepcional que solamente podrá aplicarse una vez en toda la educación primaria (*ibidem*).

2.2.2.2. *La educación secundaria obligatoria*

La educación secundaria obligatoria, conocida por sus siglas ESO, es una enseñanza de carácter obligatorio y gratuito y se imparte entre los 12 y los 16 años. Con ella acaba la escolarización obligatoria. Los objetivos propuestos en esta etapa educativa son los siguientes (Ley Orgánica 2/2006, Ley Orgánica 3/2020):

a) Conocer y poner en práctica sus derechos y obligaciones, ejercer la tolerancia y la solidaridad, velar por el cumplimiento de los derechos humanos y prepararse para ejercer la ciudadanía democrática.
b) Aprender hábitos de trabajo individual y en equipo.
c) Respetar la igualdad de derechos y la diferencia de sexos.
d) Rechazar la violencia, solucionar de forma pacífica los conflictos y reforzar las capacidades afectivas.
e) Aprender a utilizar las fuentes de información para adquirir conocimientos y desarrollar competencias tecnológicas que permitan una reflexión crítica sobre su funcionamiento.
f) Entender las distintas disciplinas en las que se estructura el conocimiento científico y saber identificar los problemas en distintos campos.
g) Desarrollar la iniciativa, la participación, el espíritu crítico, la planificación, los métodos de aprendizaje y asumir responsabilidades.
h) Utilizar y comprender correctamente el castellano para expresarse de forma oral y escrita, y en la lengua cooficial en caso de existir. Iniciarse en la lectura y el estudio de la literatura.
i) Tener la capacidad de comprender y expresarse en una o más lenguas extranjeras.
j) Conocer y respetar el patrimonio, así como los aspectos culturales e históricos fundamentales.
k) Respetar el funcionamiento del cuerpo, las diferencias entre personas, consolidar los hábitos de cuidados y la práctica del deporte. Respetar y mostrar empatía hacia los animales y el medio ambiente. Practicar el consumo sostenible.
l) Valorar las creaciones artísticas en sus distintas manifestaciones.

En esta etapa, los centros elaborarán propuestas que, atendiendo a la diversidad de su alumnado, permitan a los estudiantes aprender por sí mismos y favorezcan el trabajo en equipo. Se hace hincapié en una correcta expresión oral y escrita, así como en el uso de las matemáticas y la promoción de la lectura, con un tiempo dedicado a la misma en todas las materias (Ley Orgánica 2/2006, Ley Orgánica 3/2020). El aprendizaje con proyectos hará que se trabajen las competencias relacionadas con la solución pacífica de problemas, la iniciativa, la responsabilidad y la autonomía.

Al igual que se estableciera en el caso de la educación básica, los alumnos que presenten dificultades a la hora de comprender y expresarse en una lengua extranjera contarán con alternativas metodológicas y flexibilidad en su proceso de aprendizaje (*ibidem*).

Las Administraciones educativas tendrán buscar e implementar soluciones específicas para alumnos que presenten problemas de aprendizaje o de integración, así como para alumnos con altas capacidades y estudiantes con discapacidad. A este respecto, desde el tercer curso de la educación secundaria obligatoria, según las indicaciones formuladas por el Gobierno central y las Administraciones educativas (Ley Orgánica 2/2006, Ley Orgánica 3/2020), podrá elaborarse una metodología de trabajo alternativa que lleve a los alumnos a alcanzar, con otros métodos, los resultados de aprendizaje establecidos. Esta adaptación está dirigida a aquellos alumnos que hayan presentado dificultades en los dos cursos anteriores y hayan necesitado medidas de apoyo extraordinarias y tiene como objetivo permitirles la consecución el título de Graduado en Educación Secundaria Obligatoria. De forma general, una vez finalizados los dos primeros cursos, el equipo docente emitirá una valoración orientativa en la que se recoja el logro de objetivos y competencias, así como una propuesta para continuar la formación.

Por su parte, aquellos alumnos que transcurridos los dos primeros cursos de estas enseñanzas no estén en condiciones de pasar al curso siguiente, podrán acogerse a un programa de diversificación curricular, siempre que el alumno y sus padres o tutores legales estén de acuerdo (*ibidem*). Estos estudiantes serán evaluados según los objetivos de la etapa y los criterios de evaluación fijados en los programas

Para pasar de un curso al siguiente será necesario haber superado todas las materias o tener una o dos con evaluaciones negativas. En este supuesto, el alumno debe cumplir con los planes de refuerzo establecidos por el equipo docente y superar las evaluaciones correspondientes (Ley Orgánica 2/2006, Ley Orgánica 3/2020). En esta etapa el alumno podrá repetir curso una única vez (dos como máximo en la educación básica) salvo en el caso de haber agotado el máximo de permanencias y encontrarse en cuarto curso. En este supuesto, y si el equipo docente considera que con ello puede alcanzar las competencias establecidas, podrá permanecer un año más en este curso.

Finalizados los cuatro años de formación, el estudiante recibe el título de Graduado en Educación Secundaria Obligatoria.

2.2.2.3. *Ciclos formativos de grado básico*

A tenor de lo establecido en el artículo 41.1. de la Ley Orgánica 2/2006 de Educación, para poder acceder a un ciclo formativo de grado básico es indispensable que el alumno 1) tenga 15 años o vaya a cumplirlos durante el año natural en que vaya a empezar el curso, 2) haya cursado el tercer curso de educación secundaria obligatoria o, de manera excepcional, haya completado el segundo y 3) exista una propuesta por parte del equipo docente aconsejando la incorporación del estudiante a estas enseñanzas.

Se sugerirá la incorporación a ciclos formativos de grado básico cuando se considere que el entorno profesional que ofrecen ayudará al alumno en su proceso de aprendizaje y en la adquisición de competencias. Estas competencias serán las mismas que las establecidas para la educación secundaria obligatoria con enseñanzas en los ámbitos de la comunicación y las ciencias sociales, el ámbito de las ciencias aplicadas y el ámbito profesional (*ibidem*).

Los programas de los ciclos formativos de grado básico estarán siempre adaptados a las características del alumnado y las enseñanzas siempre tendrán una perspectiva aplicada e incidirán en las habilidades sociales y emocionales, el trabajo en equipo y el uso de las tecnologías de la información y la comunicación (TIC). En esta enseñanza la tutoría y la orientación educativa o profesional desempeñan un papel fundamental y siempre serán personalizadas. Los alumnos con necesidades especiales dispondrán de adaptaciones curriculares y apoyo educativo específico.

Una vez concluido el ciclo formativo de grado básico el alumno recibe el título de Graduado en Educación Secundaria Obligatoria y el título de Técnico Básico en la especialidad correspondiente, este último como documento acreditativo de las competencias profesionales adquiridas durante el ciclo cursado (*ibidem*).

2.2.3. La educación secundaria postobligatoria

La educación secundaria obligatoria y los ciclos formativos de grado básico pertenecen a la educación básica. No obstante, la educación secundaria también tiene una etapa no obligatoria, que se denomina educación secundaria postobligatoria y donde se incluye el bachillerato, la formación profesional de grado medio, las enseñanzas artísticas profesionales de música y danza, enseñanzas de artes plásticas y diseño de grado medio y las enseñanzas deportivas de grado medio (Ley Orgánica 2/2006, Ley Orgánica 3/2020).

2.2.3.1. *El bachillerato*

El bachillerato es una enseñanza no obligatoria a la que se puede acceder una vez obtenido el título de Graduado en Educación Secundaria Obligatoria. Consta de dos cursos académicos que, normalmente, se imparten para un alumnado de entre 16 y 18 años, y que puede cursarse en 3 años en función de las circunstancias personales del estudiante. En todo caso, de forma ordinaria hay un máximo de 4 años para finalizar esta enseñanza postobligatoria (Ley Orgánica 2/2006, Ley Orgánica 3/2020).

Existen cuatro modalidades: 1) ciencias y tecnología, 2) humanidades y ciencias sociales, 3) artes y 4) general.

La finalidad del bachillerato es la adquisición de madurez intelectual y humana, así como de conocimientos, habilidades y actitudes indispensables para incorporarse a la vida social y profesional y poder acceder a la educación superior. A nivel competencial, el bachillerato marca los siguientes objetivos (*ibidem*):

a) Adquirir conciencia cívica, ejercer la ciudadanía democrática.
b) Afianzar la madurez personal y social, actuar de manera respetuosa y responsable y prever y resolver conflictos de forma pacífica.
c) Fomentar la igualdad y la no discriminación, sin importar el motivo.
d) Consolidar los hábitos de estudio y de lectura, así como la disciplina como pilar indispensable para el aprendizaje y el desarrollo personal.
e) Expresarse correctamente de forma oral y escrita en castellano y en la lengua cooficial, en caso de existir.
f) Expresarse correctamente y con fluidez en una o varias lenguas extranjeras.
g) Utilizar las TIC con responsabilidad y espíritu crítico.
h) Conocer las realidades del mundo actual, sus antecedentes y su evolución y colaborar para mejorar el entorno social.

i) Conocer los fundamentos científicos y tecnológicos de la modalidad elegida, así como dominar las habilidades necesarias.
j) Entender y conocer los procesos de la investigación y valorar las contribuciones de la ciencia y la tecnología al día a día. Respetar el medio ambiente.
k) Fortalecer el espíritu emprendedor, la creatividad, la iniciativa, el trabajo en equipo y el espíritu crítico.
l) Desarrollar la sensibilidad artística y literaria.
m) Practicar el deporte y la educación física como medio de desarrollo personal y social y desarrollar hábitos que favorezcan el bienestar físico y psicológico.
n) Reforzar hábitos de movilidad seguros y saludables.
o) Comprometerse con el desarrollo sostenible y la lucha contra el cambio climático.

Las actividades que se realizan en esta etapa pretenden fomentar el trabajo en equipo y que los alumnos empleen métodos de investigación. Asimismo, el fomento de la lectura que se podía ver en etapas anteriores continúa durante el bachillerato (Ley Orgánica 2/2006, Ley Orgánica 3/2020).

Los alumnos con necesidades específicas de apoyo educativo contarán con alternativas organizativas, metodológicas y de atención a la diversidad en todas las materias y, específicamente, en el caso de la enseñanza y evaluación de la lengua extranjera, el alumnado que presente necesidades específicas de apoyo educativo contará con alternativas metodológicas que no serán tenidas en cuenta para rebajar las calificaciones obtenidas (*ibidem*).

El Gobierno junto con las comunidades autónomas (Ley Orgánica 2/2006, Ley Orgánica 3/2020) establecerán el reconocimiento entre las enseñanzas de bachillerato y los ciclos formativos de grado medio, las enseñanzas artísticas y las enseñanzas deportivas.

El título de Bachiller se obtiene una vez superadas con evaluación positiva todas las materias o, de forma excepcional, con una evaluación negativa en una de ellas, pero con un informe positivo del cuerpo docente donde se establezca que el alumno ha asistido a clase de forma continuada y sí ha alcanzado los objetivos y competencias contemplados en el título de

Bachiller. Con este título se podrá acceder a las enseñanzas de educación superior.

2.2.3.2. *Los ciclos formativos de grado medio*

Para poder acceder a un ciclo formativo de grado medio el estudiante debe cumplir uno de los siguientes requisitos (Ley Orgánica 2/2006, Ley Orgánica 3/2020): a) haber obtenido el título de Graduado en Educación Secundaria Obligatoria, b) haber obtenido el título de Técnico Básico, c) haber superado una prueba de acceso o d) haber superado un curso de formación específico preparatorio para acceder a ciclos de grado medio. Para los dos últimos requisitos, el interesado debe tener al menos 17 años.

En los ciclos formativos de grado medio se amplían las competencias de la enseñanza básica adaptadas a un sector profesional determinado. Permitirán al alumno progresar en el sistema educativo e incorporarse a la vida laboral con responsabilidad, a la vez que favorecen el aprendizaje a lo largo de la vida. Esto toma forma en los siguientes objetivos:

a) Adquirir las competencias propias de cada título profesional.
b) Entender la organización, las características y los mecanismos de inserción profesional en el sector.
c) Conocer la legislación laboral.
d) Trabajar en equipo, prevenir y solucionar conflictos de manera pacífica.
e) Fomentar la igualdad y la no discriminación.
f) Conocer y respetar las prácticas relativas a los riesgos laborales. Conocer y prevenir riesgos medioambientales.
g) Desarrollar la capacidad de adaptación a los cambios y entender la necesidad de reciclarse profesionalmente.
h) Desarrollar la innovación y el emprendimiento y conocer las posibilidades de digitalización del sector.

Una vez superados todos los módulos formativos, el título que se obtiene es el de Técnico de Grado Medio en Formación Profesional, que permite el acceso a ciclos formativos de grado superior y a las enseñanzas profesionales de artes plásticas y diseño (Ley Orgánica 2/2006, Ley Orgánica 3/2020).

En caso de no superar todos los módulos formativos, el estudiante recibirá una certificación académica de los módulos profesionales y de las competencias adquiridas, así como de las materias superadas (*ibidem*).

2.2.3.3. *Enseñanzas artísticas profesionales de música y danza*

Para acceder a enseñanzas artísticas profesionales de música y danza es necesario realizar una prueba de acceso. Una vez superada, las enseñanzas duran seis cursos y se permite, con autorización del cuerpo docente, que los alumnos se matriculen de forma simultánea en más de un curso académico en función de sus capacidades. Asimismo, es posible cursar al mismo tiempo enseñanzas artísticas y educación secundaria (Ley Orgánica 2/2006, Ley Orgánica 3/2020).

Una vez finalizada la formación se obtendrá el título profesional correspondiente y, de igual forma, podrá obtener el título de Bachiller en la modalidad de Artes si supera también las materias comunes de bachillerato.

2.2.3.4. *Enseñanzas profesionales de artes plásticas y diseño*

Estas enseñanzas tienen una duración de dos cursos académicos y para acceder a ellas es necesario tener el título de Graduado en Educación Secundaria Obligatoria y, además, superar una prueba de acceso (Ley Orgánica 2/2006, Ley Orgánica 3/2020). También se puede acceder sin cumplir los requisitos académicos siempre y cuando el aspirante tenga al menos diecisiete años y realice una prueba de acceso donde demuestre tener las aptitudes necesarias.

Una vez finalizados los dos cursos, el estudiante recibirá el título de Técnico de Artes Plásticas y Diseño en la especialidad que corresponda. Este título le permitirá acceder a ciclos formativos de grado superior. También puede obtener el título de Bachiller en la modalidad de Artes siempre y cuando supere las materias establecidas para alcanzar los objetivos generales de bachillerato. Estas materias las especificará el Gobierno en función del régimen de convalidaciones (*ibidem*).

2.2.3.5. *Enseñanzas deportivas*

Para poder acceder a las enseñanzas deportivas de grado medio es necesario tener el título de Graduado en Educación Secundaria Obligatoria. No obstante, en caso de no disponer de dicha titulación también se podrá acceder mediante una prueba de acceso siempre y cuando el candidato tenga al menos diecisiete años. Las pruebas permitirán acreditar si se poseen los conocimientos y las habilidades suficientes y necesarias. Los deportistas de alto nivel estarán exentos de cumplir estos requisitos (Ley Orgánica 2/2006, Ley Orgánica 3/2020).

Están compuestas por dos ciclos, uno inicial y uno final (Ministerio de Educación y Formación Profesional, s.f.), con un bloque común de módulos para todas las especialidades deportivas, y un bloque específico con bloques determinados en función de la especialidad deportiva.

Tras aprobar el primer ciclo se expide un certificado académico oficial que acredita las competencias adquiridas. Para superar cada uno de los ciclos es necesario superar todos los módulos que lo componen y, en caso de no superarse, el alumno recibe un certificado donde constan los módulos que sí ha superado y que le permitirá que se le reconozcan las competencias profesionales adquiridas (Ley Orgánica 2/2006, Ley Orgánica 3/2020).

Finalizados con éxito el primer y el segundo ciclo el estudiante recibe el título de Técnico Deportivo en la modalidad correspondiente. Este título permite el acceso a cualquier itinerario de bachillerato (*ibidem*).

2.3. Integración en el sistema educativo español

Las Administraciones públicas deben favorecer la incorporación al sistema educativo a aquellos alumnos que procedan de otros países cuando estén en la edad de escolarización obligatoria en España. Esto se hace teniendo en cuenta sus circunstancias, edad, conocimientos e historial académico para que se incorporen al curso más adecuado y se les brindará el apoyo necesario con programas específicos que les ayuden con, por ejemplo, problemas lingüísticos o conocimientos básicos (Ley Orgánica 2/2006, Ley Orgánica 3/2020).

Estos programas se implementan en los grupos ordinarios de clase y las Administraciones se asegurarán de que los padres o tutores legales reciban el asesoramiento necesario (*ibidem*).

Corresponde también a las Administraciones identificar, lo más temprano posible, al alumnado con dificultades específicas de aprendizaje, valorar sus necesidades y poner en marcha las medidas necesarias. La escolarización de este alumnado debe realizarse respetando los principios de normalización, inclusión, no discriminación e igualdad (Ley Orgánica 2/2006, Ley Orgánica 3/2020).

2.4. Propuesta de actividades formativas

A continuación, presentamos una serie de propuestas de ejercicios prácticos en el aula para la formación en interpretación social en centros escolares. En este sentido, los ejercicios se dividirán en ejercicios de 1) traducción a la vista y 2) ejercicios de interpretación, utilizando para ambos el método del caso. Esta metodología enfrenta a los estudiantes a situaciones reales y les obliga a decidir cuál es la mejor forma de proceder. Además, al tratarse de escenarios que pueden tener lugar en el mundo real, los futuros intérpretes adquieren experiencia y ven que los contenidos se aplican a necesidades concretas existentes, lo que hace que tengan un mayor significado para ellos (Fernández March, 2006: 48)

En el primero de los casos, los ejercicios de traducción a la vista, el objetivo es que los futuros intérpretes puedan desarrollar su trabajo en centros educativos cuando los padres o tutores legales quieran matricular a los alumnos y reciban comunicaciones del centro escolar. Así pues, se propone trabajar con la documentación que deban rellenar o que puedan recibir, por ejemplo:

- formulario de matriculación
- consentimiento para el uso de la imagen del menor
- información e inscripción al comedor escolar
- información sobre funcionamiento del centro
- información e inscripción sobre actividades extraescolares
- información sobre la utilización del espacio virtual
- circulares relativas a salidas y excursiones
- circulares relativas a funciones escolares
- circulares sobre cómo proceder en caso de inclemencias climatológicas
- calificaciones e informes del profesorado

Por su parte, en los ejercicios de interpretación social utilizando el método del caso proponemos una serie de entrevistas entre los padres o tutores legales y miembros de la comunidad educativa. En estos casos, entendemos que, además de las tutorías de carácter obligatorio que tienen como objetivo informar sobre el desarrollo del menor, existen otros encuentros de carácter extraordinario que se producen al detectarse algún tipo de situación de conflicto en el centro o algún trastorno de aprendizaje.

Los trastornos de aprendizaje afectan alrededor del 10 % de la población en edad escolar (Sans, Boix, Colomé, López-Sala y Sanguinetti, 2017). Málaga y Arias (2010: 43) señalan que se produce un trastorno de aprendizaje cuando un niño con una inteligencia normal, con una escolarización adecuada y un entorno social favorable presenta una incapacidad persistente, inesperada y específica a la hora de adquirir determinades habilidades académicas. Así pues, a la hora de crear situaciones comunicativas en las que sea necesaria la actuación de un intérprete, proponemos recrear encuentros entre el cuerpo docente y los padres o tutores legales en los que se traten los principales trastornos de aprendizaje en función de la clasificación presentada por los autores anteriores:

- dislexia (trastorno de la lecto-escritura)
- discalculia (trastorno en el procesamiento numérico y el cálculo)
- trastorno del aprendizaje no verbal (problemas de coordinación, motricidad fina, aprendizaje y socialización, con una importante diferencia entre las capacidades verbales y las no verbales)
- trastorno de déficit de atención/hiperactividad (TDAH)

A esta lista, aunque no es un trastorno del aprendizaje, podríamos añadir también el daltonismo.

En lo que a las situaciones de conflicto se refiere, no puede obviarse el acoso escolar en todos sus casos:

- el menor es víctima de acoso escolar
- el menor es un acosador escolar
- acoso escolar de un grupo hacia un menor
- acoso escolar de un grupo hacia otro grupo

3. Contexto de interpretación: las ONG

3.1. El concepto de organización no gubernamental (ONG)

La Carta de las Naciones Unidas (1945), recoge por primera vez en su Capítulo X «El Consejo Económico y Social», artículo 71, el término «organización no gubernamental":

> El Consejo Económico y Social podrá hacer arreglos adecuados para celebrar consultas con organizaciones no gubernamentales que se ocupen en asuntos de la competencia del Consejo. Podrán hacerse dichos arreglos con organizaciones internacionales y, si a ello hubiere lugar, con organizaciones nacionales, previa consulta con el respectivo Miembro de las Naciones Unidas.

A partir de ahí, Pérez Ortega, Arango Serna y Sepúlveda Atehortua (2011) apuntan a que otras muchas organizaciones internacionales establecieron definiciones de lo que sería una ONG. En este sentido, los autores recogen que para las Naciones Unidas serían una «organización voluntaria de ciudadanos sin ánimo de lucro, nacional o internacional», mientras que el Banco Mundial concretaría aún más su definición en los siguientes términos: «organizaciones privadas que se dedican a aliviar sufrimientos, promover los intereses de los pobres, proteger el medio ambiente, proveer servicios sociales fundamentales o fomentar el desarrollo comunitario». Por su parte, la Organización para la Cooperación y el Desarrollo Económico (OCDE) indicaría que se trata de «una organización fundada y gobernada por un grupo de ciudadanos privados con un declarado propósito filantrópico, y sostenida por contribuciones individuales privadas».

Vemos en las definiciones anteriores que mientras las Naciones Unidas únicamente apunta a su composición y marco de actuación geográfico, el Banco Mundial añade los ámbitos en los que se pueden desarrollar sus actividades y la Organización para la Cooperación y el Desarrollo Económico puntualiza el tipo de financiación que tienen.

3.2. Tipos de organizaciones no gubernamentales

Con el objetivo de entender mejor el lugar que ocupan las organizaciones no gubernamentales dentro de nuestra sociedad, presentamos a continuación un gráfico ilustrativo de su ubicación en la estructura del Estado.

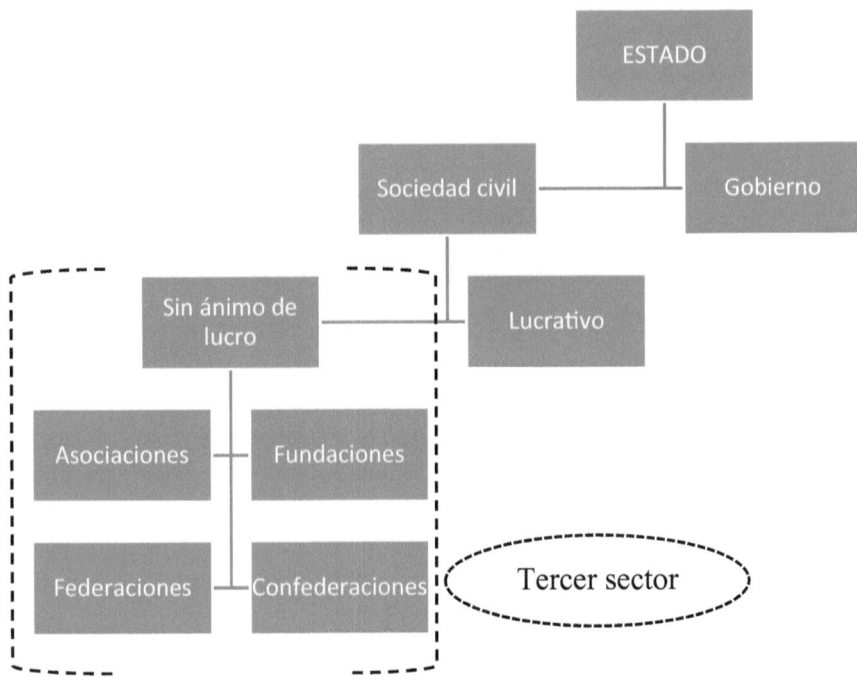

Gráfico 1: Las ONG en la estructura del Estado (Adaptado de Pérez Ortega, Arango Serna y Sepúlveda Atehortua, 2011: 245)

Según podemos observar en el gráfico, el Estado estaría compuesto por la sociedad civil y el Gobierno, entendido no solo como organismo de control de un país sino también como el conjunto de funcionarios que permiten el correcto funcionamiento de la Administración y cuyo sueldo depende directamente del Gobierno.

Por otro lado encontramos a la sociedad civil, que Pérez Díaz (1993, *apud* Rodríguez Mojón, 1997: 20) define como un conjunto de instituciones sociales, como serían los mercados y las asociaciones voluntarias, con una vertiente pública y fuera del control directo del Estado, de forma absoluta o mitigada. Y aquí encontraríamos actividades que se realizan con un ánimo de lucro.

Para López Rey (2010) toda acción social puede atribuirse a uno de los siguientes ámbitos:

- El ambito de lo público, donde se persigue el interés general, cuya organización característica sería el Estado, con el código propio del poder, tal y como se recoge en las leyes.
- El ámbito de lo privado, donde se persigue el beneficio económico particular, cuya organización característica es la empresa y el código sería el dinero.
- El ámbito de las relaciones primarias de tipo afectivo, donde no existe lo público ni lo privado sino únicamente lo comunitario y se basa en las emociones y los afectos. En este ámbito no hay organizaciones características, pero sí grupos diferenciados (familia, amigos) y el código sería el del cariño o afecto.

No obstante, existen casos (López Rey, 2010: 168) en que se persiguen objetivos de interés general, pero con medios privados o desde la iniciativa particular y donde tiene lugar participación social y acción colectiva. Estaríamos ante el Tercer Sector, cuya organización son las organizaciones solidarias, las ONG y los movimientos sociales. En este caso, el código sería la solidaridad y el altruismo.

Gráfico 2: Acercamiento al concepto del Tercer Sector (Fuente: López Rey, 2010: 168)

En el resumen ejecutivo «El Tercer Sector de Acción Social en España 2021: respuesta y resiliencia durante la pandemia» el número de organizaciones existentes en el país que pertenecen al tercer sector asciende a 27.962.[1]

En España, una organización no gubernamental puede constituirse en forma de:

a) Asociación
b) Fundación
c) Federación
d) Confederación

---

1 Cifra correspondiente al año 2019

Oxfam Intermón (2022) aplica la clasificación realizada por Raquel Herranz (2007: 24) sobre los distintos tipos de ONG y las divide de la siguiente manera:

a) ONG de promoción y sensibilización: pretenden influir en la estructura social vigente y generar cambios relacionados con los derechos humanos y los derechos naturales. Se preocupan por dar visibilidad a grupos minoritarios, inmigrantes, personas con discapacidad, etc. Son organizaciones reivindicativas muy activas.
b) ONG de ayuda humanitaria y de emergencia: cubren las necesidades básicas de las personas en riesgo de pobreza o exclusión social. Son organizaciones que participan en actividades de socorro y evacuación en emergencias humanitarias.
c) ONG de desarrollo: trabajan en países pobres y quieren contribuir al empoderamiento social, económico, cultural y político de las personas de esos países. Su área de trabajo se extiende desde la sanidad hasta la educación.
d) ONG de acción social: surgen dentro de una comunidad y sus miembros son a la vez sus beneficiarios. Se trata de organizaciones de vecinos, grupos de mujeres, asociaciones culturales, deportivas, iniciativas religiosas, etc.

3.2.1. Las asociaciones

En España, el marco legal por el que se rigen las asociaciones es la Ley Orgánica 1/2002, de 22 de marzo, reguladora del Derecho de Asociación. En concreto, en su Capítulo II «Constitución de las asociaciones», encontramos el artículo 5, en el que se detalla que para crear una asociación es necesario que participen tres o más personas físicas o jurídicas. Estas personas tendrán que firmar el acuerdo de constitución, que se formaliza mediante un acta fundacional y con lo que la asociación adquiere personalidad jurídica y tiene capacidad para actuar. Las federaciones y confederaciones deberán cumplir los mismos requisitos puesto que una federación es la unión de varias asociaciones y una confederación es la unión de múltiples federaciones.

Los detalles sobre el contenido del acta fundacional vienen recogidos en el artículo 6 de la Ley Orgánica, que establece que debe incluir lo siguiente:

a) El nombre y apellidos (de tratarse de personas físicas) o la denominación o razón social (en el caso de las personas jurídicas), junto con la nacionalidad y el domicilio de cada una de ellas.
b) Su deseo de constituir la asociación, los acuerdos alcanzados para hacerlo y la denominación que han decidido que tenga.
c) Los Estatutos por los que debe regirse el funcionamiento de la asociación.
d) El lugar y la fecha de otorgamiento del acta, la firma de los promotores o de sus representantes legales.
e) El nombramiento de los miembros de los órganos de gobierno provisionales.

A continuación, el artículo 7 especifica la información que deben contener los Estatutos de la asociación:

a) La denominación.
b) El domicilio y el ámbito territorial de las actividades.
c) La duración, en caso de no tener una duración indefinida.
d) Los fines de la asociación y las actividades que pretende llevar a cabo.
e) Los requisitos y las modalidades de admisión y baja de los asociados.
f) Los derechos y las obligaciones de los asociados.
g) Los criterios que se adoptarán para garantizar el funcionamiento democrático de la asociación.
h) Los órganos de gobierno y de representación. Y, en este caso, se debe especificar su composición, reglas y procedimientos.
i) El régimen de administración, contabilidad y documentación, y cierre de ejercicio.
j) El patrimonio inicial y los recursos económicos de los que se puede hacer uso.
k) Los motivos de disolución y el destino del patrimonio dado el caso.

Presentamos a continuación, a modo de ejemplo, un modelo de acta fundacional de una asociación:

ANEXO 2.- MODELO ORIENTATIVO DE ACTA FUNDACIONAL DE UNA ASOCIACION			
Reunidos en ………………………………………..., el día ….. de ……………. de ……, a las ………. horas, las personas o entidades que a continuación se detallan:			
Nombre y apellidos o razón social (persona jurídica)	Nacionalidad	Domicilio, código postal, localidad	DNI/NIF/NIE
(*)			
(*) Mínimo tres o más personas físicas o jurídicas. En caso de personas jurídicas, indicar además el/los representante/s de las mismas con indicación de domicilio, DNI, CP y localidad; deberán aportar fotocopia del DNI/NIF/NIE, o autorizar expresamente a su comprobación por parte del Registro. **Acuerdan:** 1º Constituir una asociación al amparo de la Ley Orgánica 1/2002, de 22 de marzo, reguladora del Derecho de Asociación que se denominará: (especificar la denominación exacta; ha de coincidir con los Estatutos) ……………………………………………………………………………………………… 2º Aprobar los Estatutos que se incorporan a este Acta Fundacional como anexo, por los que se va a regir la entidad, que fueron leídos en este mismo acto y aprobados por unanimidad de los reunidos. 3º Designar a la Junta Directiva de la entidad, cuya composición es la siguiente:			
Cargo	Nombre y apellidos	Domicilio, C.P., Localidad	DNI/NIF/NIE
(*) Presidente/a			
(*) Secretario/a			
(*)			
(*) Indicar los cargos especificados en los ESTATUTOS. Deberán aportar fotocopia del DNI/NIF/NIE. Y sin más asuntos que tratar, se levanta la sesión siendo las ………….. horas del día de la fecha.			
(*) D./DÑA: DNI/NIF/NIE: Firma	(*) D./DÑA: DNI/NIF/NIE: Firma	(*) D./DÑA: DNI/NIF/NIE: Firma	
(*) D./DÑA: DNI/NIF/NIE: Firma	(*) D./DÑA: DNI/NIF/NIE: Firma	(*) D./DÑA: DNI/NIF/NIE: Firma	
(*) Indicar tantas firmas como fundadores/as (representantes en caso de personas jurídicas).			

Gráfico 3: Modelo de acta fundacional de una asociación. (Fuente: Consejería de Presidencia y Hacienda de la Región de Murcia, s.f.)

Igualmente, a modo de ejemplo, incluimos en el gráfico 4 un modelo de Estatutos para la creación de una asociación:

ESTATUTOS

(Estatutos válidos para las asociaciones cuyo ámbito de actuación sea todo el territorio del Estado y soliciten su inscripción en el Registro Nacional de Asociaciones)

CAPITULO I

DISPOSICIONES GENERALES

Artículo 1. Denominación.
Con la denominación ASOCIACIÓN _____ se constituye una asociación al amparo de la Ley Orgánica 1/2002, de 22 de marzo, reguladora del Derecho de Asociación, y normas complementarias, con personalidad jurídica y plena capacidad de obrar, careciendo de ánimo de lucro.
En todo cuanto no esté previsto en los presentes Estatutos se aplicará la citada Ley Orgánica 1/2002, de 22 de marzo, y las disposiciones complementarias de desarrollo.
(La denominación deberá respetar los requisitos y límites previstos en el artículo 8 de la LO 1/2002 y en los artículos 22 y 23 del Reglamento del Registro Nacional de Asociaciones, aprobado por RD 949/2015, de 23 de octubre)

Artículo 2. Duración.

Esta Asociación se constituye por tiempo indefinido.
(Se podrá indicar una duración concreta cuando no se constituya por tiempo indefinido)

Artículo 3. Fines.
La Asociación tiene como fines: _____ .

Artículo 4. Actividades.
Para el cumplimiento de estos fines se realizarán las siguientes actividades:
_____
_____ .

Artículo 5. Domicilio social.

La Asociación establece su domicilio social en
avda/calle/plaza_____, nº
_____, bloque __ portal __ piso __ puerta __ ,Municipio _____, Provincia _____CP. _____, y el ámbito territorial en el que va a realizar principalmente sus actividades es todo el territorio de España.

CAPITULO II

ASAMBLEA GENERAL

Artículo 6. Naturaleza y composición.

La Asamblea General es el órgano supremo de gobierno de la Asociación y estará integrada por todos los asociados.

Artículo 7. Reuniones.

Las reuniones de la Asamblea General serán ordinarias y extraordinarias. La ordinaria se celebrará una vez al año dentro de los cuatro meses siguientes al cierre del ejercicio; las extraordinarias se celebrarán cuando las circunstancias lo aconsejen, a juicio del Presidente/a, cuando la Junta Directiva lo acuerde o cuando lo proponga por escrito una décima parte de los asociados.

Artículo 8. Convocatorias.

Las convocatorias de las Asambleas Generales se realizarán por escrito expresando el lugar, día y hora de la reunión así como el orden del día con expresión concreta de los asuntos a tratar. Entre la convocatoria y el día señalado para la celebración de la Asamblea en primera convocatoria habrán de mediar al menos quince días, pudiendo así mismo hacerse constar si procediera la fecha y hora en que se reunirá la Asamblea en segunda convocatoria, sin que entre una y otra pueda mediar un plazo inferior a una hora.

Artículo 9. Adopción de acuerdos.
Las Asambleas Generales, tanto ordinarias como extraordinarias, quedarán válidamente constituidas en primera convocatoria cuando concurran a ella un tercio de los asociados con derecho a voto, y en segunda convocatoria cualquiera que sea el número de asociados con derecho a voto.

Los acuerdos se tomarán por mayoría simple de las personas presentes o representadas cuando los votos afirmativos superen a los negativos, no siendo computables a estos efectos los votos nulos, en blanco, ni las abstenciones.

Será necesaria la mayoría cualificada de las personas presentes o representadas, que resultará cuando los votos afirmativos superen la mitad de estas, para la:

a) Disolución de la entidad.

b) Modificación de Estatutos, incluido el cambio de domicilio social.

c) Disposición o enajenación de bienes integrantes del inmovilizado.

d) Remuneración de los miembros de la Junta Directiva.

Artículo 10. Facultades.
Son facultades de la Asamblea General:

a) Aprobar la gestión de la Junta Directiva.

b) Examinar y aprobar las cuentas anuales.

c) Elegir a los miembros de la Junta Directiva.

d) Fijar las cuotas ordinarias o extraordinarias.

e) Aprobar la disolución de la Asociación.

f) Modificar los Estatutos, incluido el cambio de domicilio social.

g) Disponer o enajenar los bienes.

h) Aprobar, en su caso, la remuneración de los miembros de la Junta Directiva.

i) Cualquiera otra que no sea competencia atribuida a otro órgano social.

CAPITULO III

JUNTA DIRECTIVA

Artículo 11. Composición.
La Asociación será gestionada y representada por una Junta Directiva formada necesariamente por un Presidente/a y un Secretario/a.
También podrán formar parte de la Junta Directiva el Vicepresidente, el Tesorero y los Vocales que se determinen.
(Sólo podrán formar parte de la Junta Directiva los asociados, siempre que sean mayores de edad, estén en pleno uso de los derechos civiles y no estén incursos en motivos de incompatibilidad establecidos en la legislación vigente. Iguales requisitos, excepto la condición de socio, deberán reunir las personas físicas que actúen en representación de los cargos que sean personas jurídicas).
Todos los cargos que componen la Junta Directiva serán gratuitos. Éstos serán designados y revocados por la Asamblea General y su mandato tendrá una duración de _____ años.

(En caso de recibir retribuciones en función del cargo, se hará constar expresamente tal circunstancia en los Estatutos)

Artículo 12. Reuniones.
La Junta Directiva se reunirá cuantas veces lo determine su Presidente/a y a iniciativa o petición de _____ de sus miembros. Quedará constituida cuando asista la mitad más uno de sus miembros y para que sus acuerdos sean válidos deberán ser tomados por mayoría de votos. En caso de empate, el voto del Presidente/a será de calidad.

Artículo 13. Facultades.
Las facultades de la Junta Directiva se extenderán, con carácter general, a todos los actos propios de las finalidades de la Asociación, siempre que no requieran, según estos Estatutos, autorización expresa de la Asamblea General.
Son facultades particulares de la Junta Directiva:

a) Dirigir las actividades sociales y llevar la gestión económica y administrativa de la Asociación, acordando realizar los oportunos contratos y actos.

b) Ejecutar los acuerdos de la Asamblea General.

c) Formular y someter a la aprobación de la Asamblea General los balances y las cuentas anuales.

d) Resolver sobre la admisión de nuevos asociados.

e) Nombrar delegados para alguna determinada actividad de la Asociación.

f) Cualquier otra facultad que no sea de la exclusiva competencia de la Asamblea General de socios.

Artículo 14. Presidente/a.

El Presidente/a tendrá las siguientes atribuciones: representar legalmente a la Asociación ante toda clase de organismos públicos o privados; convocar, presidir y levantar las sesiones que celebre la Asamblea General y la Junta Directiva, así como dirigir las deliberaciones de una y otra; ordenar pagos y autorizar con su firma los documentos, actas y correspondencia; adoptar cualquier medida urgente que la buena marcha de la Asociación aconseje o en el desarrollo de sus actividades resulte necesaria o conveniente, sin perjuicio de dar cuenta posteriormente a la Junta Directiva.

Artículo 15. Vicepresidente/a.

El Vicepresidente/a sustituirá al Presidente en ausencia de éste, motivada por enfermedad o cualquier otra causa, y tendrá sus mismas atribuciones.

Artículo 16. Secretario/a.

El Secretario/a tendrá a cargo la dirección de los trabajos puramente administrativos de la Asociación, expedirá certificaciones, llevará los libros de la Asociación legalmente establecidos y el fichero de asociados, y custodiará la documentación de la entidad, haciendo que se cursen las comunicaciones sobre designación de Juntas Directivas y demás acuerdos sociales inscribibles a los Registros correspondientes, así como el cumplimiento de las obligaciones documentales en los términos que legalmente correspondan.

Artículo 17. Tesorero/a.

El Tesorero/a recaudará y custodiará los fondos pertenecientes a la Asociación y dará cumplimiento a las órdenes de pago que expida el Presidente/a.

Artículo 18. Vocales.

Los Vocales tendrán las obligaciones propias de su cargo como miembros de la Junta Directiva, y así como las que nazcan de las delegaciones o comisiones de trabajo que la propia Junta les encomiende.

Artículo 19. Régimen de bajas y suplencias.

Los miembros podrán causar baja por renuncia voluntaria comunicada por escrito a la Junta Directiva y por incumplimiento de las obligaciones que tuvieran encomendadas. Las vacantes que por estos motivos se produzcan serán cubiertas provisionalmente por los demás miembros hasta la elección definitiva por la Asamblea General convocada al efecto.

También podrán causar baja por expiración del mandato. En este caso continuarán ostentando sus cargos hasta el momento en que se produzca la aceptación de los que les sustituyan.

CAPITULO IV

SOCIOS/AS

Artículo 20. Requisitos.

Podrán pertenecer a la Asociación aquellas personas con capacidad de obrar que tengan interés en el desarrollo de los fines de la Asociación.

Artículo 21. Clases.
Dentro de la Asociación existirán las siguientes clases de socios/as:

a) Promotores o fundadores, que serán aquellos que participen en el acto de constitución de la Asociación.

b) De número, que serán los que ingresen después de la constitución de la Asociación.

c) De honor, los que por su prestigio o por haber contribuido de modo relevante a la dignificación y desarrollo de la Asociación, se hagan acreedores a tal distinción. El nombramiento de los socios de honor corresponderá a la ___ (Junta Directiva o Asamblea General).

Artículo 22. Baja.
Los socios/as causarán baja por alguna de las causas siguientes:

a) Por renuncia voluntaria, comunicada por escrito a la Junta Directiva.

b) Por incumplimiento de las obligaciones económicas, si dejara de satisfacer ___ cuotas periódicas.

(Se podrá indicar un número concreto de cuotas)

Artículo 23. Derechos.
Los socios/as fundadores y de número tendrán los siguientes derechos:

a) Tomar parte en cuantas actividades organice la Asociación en cumplimiento de sus fines.

b) Disfrutar de todas las ventajas y beneficios que la Asociación pueda obtener.

c) Participar en las Asambleas con voz y voto.

d) Ser electores y elegibles para los cargos directivos.

e) Recibir información sobre los acuerdos adoptados por los órganos de la Asociación.

f) Hacer sugerencias a los miembros de la Junta Directiva en orden al mejor cumplimiento de los fines de la Asociación.

Artículo 24. Deberes.
Los socios/as fundadores y de número tendrán las siguientes obligaciones:

a) Cumplir los presentes Estatutos y los acuerdos válidos de las Asambleas y la Junta Directiva.

b) Abonar las cuotas que se fijen.

c) Asistir a las Asambleas y demás actos que se organicen.

d) Desempeñar, en su caso, las obligaciones inherentes al cargo que ocupen.

Artículo 25. Derechos y deberes de los socios de honor.

Los socios/as de honor tendrán las mismas obligaciones que los fundadores y de número a excepción de las previstas en los apartados b) y d), del artículo anterior.

Asimismo, tendrán los mismos derechos a excepción de los que figuran en los apartados c) y d) del artículo 23, pudiendo asistir a las asambleas sin derecho de voto.

CAPÍTULO V

REGIMEN ECONÓMICO

Artículo 26. Recursos económicos.

Los recursos económicos previstos para el desarrollo de los fines y actividades de la Asociación serán los siguientes:

a) Las cuotas de socios/as, periódicas o extraordinarias.

b) Las subvenciones, legados o herencias que pudiera recibir de forma legal por parte de los asociados o de terceras personas.

c) Cualquier otro recurso lícito.

Artículo 27. Patrimonio.

El patrimonio inicial de la Asociación es de _____ euros.
(Se podrá indicar que la Asociación, al momento de la constitución, carece de patrimonio)

Artículo 28. Duración del ejercicio.

El ejercicio asociativo y económico será anual y su cierre tendrá lugar el _____ de cada año.
(Se indicará el día y mes del cierre del ejercicio económico)

CAPITULO VI

DISOLUCIÓN

Artículo 29. Disolución.
La Asociación se disolverá voluntariamente cuando así lo acuerde la Asamblea General Extraordinaria, convocada al efecto, con arreglo a lo dispuesto en el artículo 9 de los presentes Estatutos.

Artículo 30. Liquidación y destino del remanente.
En caso de disolución se nombrará una comisión liquidadora. Una vez extinguidas las deudas, el sobrante líquido, en su caso, se destinará para fines que no desvirtúen la naturaleza no lucrativa de la Asociación.

(FIRMAS de todos los miembros promotores que figuren como otorgantes del Acta Fundacional. Podrán firmar también en el margen de cada una de las hojas de los Estatutos).

D./DÑA.   D./DÑA.

NIF: NIF:

D./DÑA.   D./DÑA.

NIF: NIF:

Gráfico 4: Modelo de Estatutos de una asociación. (Fuente: Ministerio del Interior, s.f.)

3.2.2. Las fundaciones

En España, la ley que regula la creación de una fundación es la Ley 50/2002, de 26 de diciembre, de Fundaciones. Según la redacción oficial «son fundaciones las organizaciones constituidas sin fin de lucro que, por voluntad de sus creadores, tienen afectado de modo duradero su patrimonio a la realización de fines de interés general».

El Capítulo II denominado «Constitución de la Fundación», recoge en su artículo 8 que pueden crear una fundación personas físicas o jurídicas (públicas o privadas) con capacidad de disponer de fondos o bienes. Por su parte, en el artículo 9 quedan recogidas las modalidades de constitución de esta organización sin ánimo de lucro, que son:

a) *Inter vivos*: cuando la constitución se realiza mediante escritura pública.
b) *Mortis causa*: cuando la constitución se realiza testamentariamente. En este caso, si lo que aparece en el testamento es únicamente la voluntad del testador de crear una fundación y la dotación para este fin, la escritura pública se otorgará por el albacea o, en su defecto, por los herederos.

En la escritura de constitución de la fundación debe aparecer la siguiente información (Ley 50/2002):

a) Nombre, apellidos, edad y estado civil del fundador o fundadores en el caso de las personas físicas, la razón social de tratarse de una persona jurídica y, en todos los casos, la nacionalidad, el domicilio y el número de identificación fiscal.
b) El deseo de constituir una fundación.
c) La dotación, su valoración y forma de aportación.
d) Los Estatutos de la fundación.
e) Identificación y aceptación de las personas que integran el patronato, es decir, el órgano de gobierno.

En los Estatutos de una fundación deben incluirse los datos que enumeramos a continuación (*ibidem*):

a) Denominación de la entidad.
b) El objetivo con que se crea.
c) El domicilio y cuál será el ámbito territorial de sus actividades.
d) Las reglas básicas sobre cómo van a destinarse los recursos y cómo determinar los beneficiarios.
e) La composición del patronato (que debe estar integrado por, al menos, tres personas), las normas que servirán para nombrar y sustituir miembros, las causas de cese, sus funciones y la manera en que se tomarán decisiones.
f) Cualquier otra información que el fundador quiera añadir.

Presentamos a continuación, a modo de ejemplo, la escritura de constitución de una fundación:

MODELO ORIENTATIVO ESCRITURA

DE CONSTITUCIÓN DE FUNDACIÓN

Ante mí, [Nombre y apellidos] Notario de [Reseña del Colegio Notarial] comparecen como fundador/es las siguientes personas:

Relacionar las personas físicas haciendo referencia a su nombre apellidos, edad, estado civil, domicilio, nacionalidad, y a las personas jurídicas reseñando su razón social, domicilio y nacionalidad.

Intervienen en su propio nombre y derecho, y tienen la capacidad suficiente para el otorgamiento de la presente escritura de constitución de fundación, y en virtud de lo dispuesto en la Ley 2/1998, de 6 de abril, de Fundaciones de Canarias, y supletoriamente la Ley 50/2002, de 26 de diciembre, de Fundaciones, CONSTITUYEN una fundación para fines de interés general y sin ánimo de lucro, con una dotación fundacional suficiente para el desarrollo del primer programa de actuación.

1º.- La Fundación se denomina Fundación Canaria [Denominación]. Se hace constar y se une a esta matriz, certificación vigente del Registro de Fundaciones de Canarias acreditativa de que la denominación elegida no está previamente inscrita ni se asimila a ninguna de las inscritas.

2º.- El ámbito esencial de actuación de la fundación será la Comunidad Autónoma de Canarias a cuyas disposiciones legales y reglamentarias se somete.

3º.- La fundación se regirá por los Estatutos que unidos a esta matriz como documento número [____] consta de [____] artículos.

4º.- La aportación patrimonial inicial de la Fundación se compone de los siguientes bienes:

Relacionar individualmente los bienes que conforman la aportación patrimonial inicial con una descripción y naturaleza, titularidad, cargas, título en virtud del cual se aporta, valoración y forma de aportación.

Figura en el Anexo número [____] de la presente escritura la tasación de los bienes integrantes del patrimonio efectuada por experto independiente.

En el caso de aportaciones dinerarias, deberá adjuntarse a la escritura como documento anexo el justificante de depósito de la cantidad a favor de la fundación.

En el caso de aportación inicial parcial, nunca inferior al 25% del valor total de la dotación, deberá incluirse el compromiso, con indicación de plazos y/o condiciones, de aportación del resto no aportado inicialmente.

5º.- Constituyen el Patronato de la Fundación las siguientes personas:

Relacionar los cargos de Presidente, Vicepresidente en su caso, Secretario, Tesorero en su caso, y Vocales, si procede, haciendo referencia a sus nombres y apellidos, documento de identidad, domicilio y nacionalidad.

6º.- Figura como Anexo número ____ de la presente Escritura el primer programa de actuación de la fundación en función de los recursos disponibles así como en el Anexo número ____ el estudio económico que acredita su viabilidad.

Gráfico 5: Modelo de escritura de constitución de una fundación.
(Fuente: Gobierno de Canarias, s.f.)

Y del mismo modo, el gráfico 6 presenta un modelo de Estatutos de una fundación:

MODELO DE ESTATUTOS DE UNA FUNDACIÓN

CAPÍTULO I
CONSTITUCIÓN DE LA FUNDACIÓN

Artículo 1. Denominación, naturaleza, domicilio y ámbito de actuación.

1. La **Fundación** es una organización sin fin de lucro, que tiene afectado de modo duradero su patrimonio a la realización de los fines de interés general que se detallan en estos Estatutos.
2. El domicilio estatutario de la Fundación se establece en la calle   , número   , distrito postal   del Municipio de   .
3. La Fundación desarrollará principalmente sus actividades en las siguientes Comunidades Autónomas: .

Artículo 2. Personalidad jurídica, comienzo de actuaciones y duración temporal.

1. La Fundación tendrá personalidad jurídica desde la inscripción de la escritura pública de su constitución en el correspondiente Registro de Fundaciones y a partir de ese momento comenzará sus actuaciones.
2. La Fundación que se constituye tendrá una duración temporal indefinida. No obstante, si en algún momento los fines propios de la Fundación pudieran estimarse cumplidos o resultaren de imposible realización, el Patronato podrá acordar la extinción de aquella conforme a lo dispuesto en la legislación vigente y en el artículo   de estos Estatutos.

CAPÍTULO II
FINES Y BENEFICIARIOS DE LA FUNDACIÓN

Artículo 3. Fines.

Son fines de la Fundación:

Artículo 4. Actividades.

Para la consecución de los fines mencionados en el artículo anterior, la Fundación realizará las siguientes actividades:

Además, con el fin de obtener ingresos, la Fundación podrá realizar actividades mercantiles cuyo objeto esté relacionado con los fines fundacionales o sean complementarias o accesorias de las anteriores, con sometimiento a las normas reguladoras de la defensa de la competencia, como las siguientes:

Artículo 5. Beneficiarios.

1. Los fines fundacionales de la Fundación se dirigen, con carácter genérico, a las siguientes colectividades de personas:

2. El Patronato, a la hora de determinar los beneficiarios de la actividad de la Fundación, actuará con criterios de imparcialidad y no discriminación. Las reglas básicas para la determinación de los beneficiarios son las siguientes:

Artículo 6. Aplicación de los recursos al cumplimiento de los fines.

La Fundación destinará efectivamente el patrimonio y sus rentas al cumplimiento de sus fines fundacionales.

1. Deberá ser destinado al cumplimiento de los fines fundacionales, al menos, el 70 por 100 de los resultados de las explotaciones económicas que se desarrollen y de los ingresos que se obtengan por cualquier otro concepto, en los términos previstos por la legislación vigente.
2. El plazo para el cumplimiento de esta obligación será el comprendido entre el inicio del ejercicio en que se hayan obtenido y los cuatro años siguientes al cierre de dicho ejercicio.

Artículo 7. Información.

El Patronato dará información suficiente de los fines y actividades de la Fundación para que sean conocidos por sus eventuales beneficiarios y demás interesados.

CAPÍTULO III
GOBIERNO DE LA FUNDACIÓN

Artículo 8. Patronato.

1. El Patronato es el órgano de gobierno y representación de la Fundación.
2. Corresponde al Patronato cumplir los fines fundacionales y administrar con diligencia los bienes y derechos que integran el patrimonio de la Fundación, manteniendo el rendimiento y utilidad de los mismos.

Artículo 9. Composición.

1. Estará constituido por   patronos que adoptarán sus acuerdos por mayoría, en los términos establecidos en los presentes Estatutos.
2. Podrán ser miembros del Patronato las personas físicas que tengan plena capacidad de obrar y no estén inhabilitadas para el ejercicio de cargos públicos.
3. Las personas jurídicas podrán formar parte del Patronato y deberán designar a la persona o personas físicas que las representen.
4. Los patronos ejercerán su cargo gratuitamente sin perjuicio del derecho a ser reembolsados de los gastos debidamente justificados que el cargo les ocasione en el ejercicio de su función.

Artículo 10. Reglas para la designación y sustitución de sus miembros.

1. La designación de los miembros integrantes del primer Patronato se hará por los fundadores y constará en la escritura de constitución.
2. La designación de nuevos miembros se hará por el Patronato que figure inscrito en el correspondiente Registro de Fundaciones y por acuerdo de la mayoría de sus miembros.
3. Los patronos habrán de aceptar sus cargos en la forma prevista en la legislación vigente y su aceptación se notificará formalmente al Protectorado y se inscribirá en el Registro de Fundaciones.
4. El nombramiento de los patronos tendrá una duración de   años.
5. La sustitución de los patronos se realizará conforme a las siguientes reglas:

Artículo 11. Presidente.

1. Los patronos elegirán entre ellos un Presidente al que corresponde ostentar la representación de la Fundación ante toda clase de personas, autoridades y entidades públicas o privadas, convocar las reuniones del Patronato, presidirlas, dirigir sus debates y, en su caso, ejecutar los acuerdos, pudiendo para ello realizar toda clase de actos y firmar aquellos documentos necesarios a tal fin.
2. El Presidente dispone de voto de calidad para dirimir los empates que pudieran producirse en las votaciones que se realicen en el Patronato.

Artículo 12. Secretario.
1. El Patronato nombrará un Secretario, cargo que podrá recaer en una persona ajena a aquél, en cuyo caso tendrá voz pero no voto.
2. Corresponde al Secretario la certificación de los acuerdos del Patronato, la custodia de toda la documentación perteneciente a la Fundación, levantar las actas correspondientes a las reuniones del Patronato, expedir las certificaciones e informes que sean necesarios y todas aquéllas que expresamente se le encomienden. En los casos de enfermedad, ausencia o vacante ejercerá las funciones de Secretario el vocal más joven del Patronato.

Artículo 13. Atribuciones del Patronato.

Sin perjuicio de las preceptivas autorizaciones del Protectorado, serán facultades del Patronato:
a) Ejercer el gobierno y representación de la Fundación y aprobar los planes de gestión y programas periódicos de actuación de la misma.
b) Interpretar y desarrollar los Estatutos y, en su caso, acordar la modificación de los mismos, siempre que resulte conveniente a los intereses de la Fundación y a la mejor consecución de sus fines.
c) Fijar las líneas generales sobre la distribución y aplicación de los fondos disponibles entre las finalidades de la Fundación.
d) Nombrar apoderados generales o especiales.
e) Seleccionar a los beneficiarios de las prestaciones fundacionales.
f) Aprobar el plan de actuación y las cuentas anuales que hayan de ser presentadas al Protectorado.
g) Acordar la apertura y cierre de sus Delegaciones.
h) Adoptar acuerdos sobre la extinción o fusión de la Fundación en caso de imposibilidad de cumplimiento de sus objetivos.
i) Delegar sus facultades en uno o más patronos, sin que puedan ser objeto de delegación la aprobación de las cuentas y del plan de actuación, la modificación de los Estatutos, la fusión y la liquidación de la Fundación, así como aquellos actos que requieran la autorización del Protectorado.

Artículo 14. Obligaciones del Patronato.

En su actuación, el Patronato deberá ajustarse a lo preceptuado en la legislación vigente y a la voluntad del fundador manifestada en estos Estatutos.

Artículo 15. Responsabilidad de los patronos.
1. Los patronos deberán desempeñar el cargo con la diligencia de un representante leal.
2. Los patronos responderán solidariamente frente a la Fundación de los daños y perjuicios que causen por actos contrarios a la Ley o a estos Estatutos, o por lo realizados sin la diligencia con la que deben desempeñar el cargo.
3. Los patronos deberán concurrir a las reuniones a las que sean convocados y cumplir en sus actuaciones con lo determinado en las disposiciones legales vigentes y en los presentes Estatutos.

Artículo 16. Cese y suspensión de patronos.
1. El cese y la suspensión de los patronos de la Fundación se producirán en los supuestos previstos en el artículo 18 de la Ley 50/2002, de 26 de diciembre, de Fundaciones y además:
2. La renuncia al cargo de patrono podrá llevarse a cabo por cualquiera de los medios y mediante los trámites previstos para la aceptación.
3. La sustitución, el cese y la suspensión de los patronos se inscribirán en el correspondiente Registro de Fundaciones.

Artículo 17. Forma de deliberación y adopción de acuerdos.

1. El Patronato se reunirá, al menos, dos veces al año y tantas veces como sea preciso para la buena marcha de la Fundación. Corresponde al Presidente convocar las reuniones del mismo, bien a iniciativa propia, bien cuando lo solicite, al menos, un tercio de sus miembros.

   La convocatoria se hará llegar a cada uno de los miembros, al menos, con cinco días de antelación a la fecha de su celebración, utilizando un medio que permita dejar constancia de su recepción. En la misma se indicará el lugar, día y hora de celebración de la reunión así como el orden del día.

   No será preciso convocatoria previa cuando se encuentren presentes todos los patronos y acuerden por unanimidad la celebración de la reunión.
2. El Patronato quedará válidamente constituido cuando concurran al menos la mitad más uno de sus miembros.
3. Los acuerdos se adoptarán por mayoría de votos, excepto cuando los Estatutos o la legislación vigente establezcan mayorías cualificadas.
4. De las reuniones del Patronato se levantará por el Secretario la correspondiente acta, que deberá ser sometida a la aprobación de todos los miembros presentes en las mismas. Esta se transcribirá al correspondiente libro y será firmada por el Secretario con el visto bueno del Presidente.
5. El cargo de patrono que recaiga en persona física deberá ejercerse personalmente. No obstante, podrá actuar en su nombre y representación otro patrono por él designado. Esta actuación será siempre para actos concretos y deberá ajustarse a las instrucciones que, en su caso, el representado formule por escrito.

CAPÍTULO IV
RÉGIMEN ECONÓMICO DE LA FUNDACIÓN

Artículo 18. Patrimonio.

1. El patrimonio de la Fundación está formado por todos los bienes, derechos y obligaciones susceptibles de valoración económica que integren la dotación así como por aquellos que adquiera la Fundación con posterioridad a su constitución, se afecten o no a la dotación.
2. La Fundación deberá figurar como titular de todos los bienes y derechos integrantes de su patrimonio, que deberán constar en su inventario anual.
3. El Patronato promoverá, bajo su responsabilidad, la inscripción a nombre de la Fundación de los bienes y derechos que integran su patrimonio, en los Registros públicos correspondientes.

Artículo 19. Financiación.

1. La Fundación, para el desarrollo de sus actividades, se financiará con los recursos que provengan del rendimiento de su patrimonio y, en su caso, con aquellos otros procedentes de las ayudas, subvenciones o donaciones que reciba de personas o entidades, tanto públicas como privadas. Asimismo, la Fundación podrá obtener ingresos por sus actividades, siempre que ello no implique una limitación injustificada del ámbito de sus posibles beneficiarios.
2. Queda facultado el Patronato para hacer las variaciones necesarias en la composición del patrimonio de la Fundación, de conformidad con lo que aconseje la coyuntura económica de cada momento y sin perjuicio de solicitar la debida autorización o proceder a la oportuna comunicación al Protectorado.
3. El ejercicio económico coincidirá con el año natural.
4. La Fundación llevará una contabilidad ordenada y adecuada a su actividad que permita un seguimiento cronológico de las operaciones realizadas. Para ello llevará necesariamente un libro Diario y un libro de Inventarios y de Cuentas Anuales y aquellos otros libros obligatorios que determine la legislación vigente.
5. En la gestión económico-financiera, la Fundación se regirá por los principios y criterios generales determinados en la normativa vigente.

Artículo 20. Cuentas anuales y plan de actuación.
1. Las cuentas anuales serán aprobadas por el Patronato en el plazo máximo de seis meses desde el cierre del ejercicio, sin que pueda delegar esta función en otros órganos de la Fundación, y se presentarán al Protectorado dentro de los diez días hábiles siguientes a su aprobación.
2. El Patronato aprobará y remitirá al Protectorado, en los últimos tres meses de cada ejercicio, un plan de actuación, en el que quedarán reflejados los objetivos y las actividades que se prevea desarrollar en el ejercicio siguiente. El Patronato no podrá delegar esta función en otros órganos de la Fundación.

CAPÍTULO V

MODIFICACIÓN, FUSIÓN Y EXTINCIÓN

Artículo 21. Modificación.
1. El Patronato podrá modificar los presentes Estatutos siempre que resulte conveniente a los intereses de la Fundación. En cualquier caso, procederá modificar los Estatutos cuando las circunstancias que presidieron la constitución de la Fundación hayan variado de manera que ésta no pueda actuar satisfactoriamente con arreglo a los Estatutos en vigor.
2. Para la adopción de acuerdos de modificación estatutaria, será preciso el voto favorable de la mayoría de los miembros del Patronato.
3. La modificación o nueva redacción de los Estatutos acordada por el Patronato se comunicará al Protectorado y habrá de ser formalizada en escritura pública e inscrita en el correspondiente Registro de Fundaciones.

Artículo 22. Fusión.
1. El Patronato de la Fundación podrá acordar la fusión de ésta con otra Fundación siempre que resulte conveniente en interés de la misma.
2. Para la adopción de acuerdos de fusión, será preciso el voto favorable de la mayoría de los miembros del Patronato.

Artículo 23. Extinción.
1. La Fundación se extinguirá por las causas y de acuerdo con los procedimientos establecidos por la legislación vigente.
2. La extinción de la Fundación determinará la apertura del procedimiento de liquidación que se realizará por el Patronato bajo el control del Protectorado.
3. La totalidad de los bienes y derechos resultantes de la liquidación se destinarán a las fundaciones o a las entidades no lucrativas privadas que persigan fines de interés general y que tengan afectados sus bienes, incluso para el supuesto de su disolución, a la consecución de aquellos, y que estén consideradas como entidades beneficiarias del mecenazgo, de acuerdo con la legislación vigente, o a entidades públicas de naturaleza no fundacional que persigan fines de interés general. Queda expresamente autorizado el Patronato para realizar dicha aplicación.

Gráfico 6: Modelo de Estatutos de una fundación. (Fuente: Ministerio de Cultura y Deporte, s.f.)

3.2.3. Diferencias entre asociaciones y fundaciones

La forma de constitución de una asociación y de una fundación, los requisitos y su funcionamiento son diferentes.

En el caso de la fundación, es necesario que exista una aportación mínima del fundador que permita cumplir con los objetivos de la fundación (Asociación Española de Fundaciones, s.f.). Esta cantidad se estima en 30.000 euros y su contabilidad está sujeta a la revisión del protectorado con una presentación anual de cuentas, una revisión del presupuesto, de su plan de actuación y de la tramitación de autorizaciones y comunicaciones para acciones que impliquen disponer del patrimonio. Una fundación debe disponer de libros contables y de actas, balances, cuentas de resultados y memorias y en algunos casos, si se trata de una fundación muy grande o recibe fondos públicos, es necesario que se someta a auditorías externas. Y mientras que una fundación debe estar inscrita en el Registro de Fundaciones, la inscripción de una asociación en el Registro General de Asociaciones es aconsejable pero no obligatoria (CE Consulting Fundaciones y Asociaciones, 2022). Por su parte, según la Ley Orgánica 1/2002, las asociaciones están obligadas a disponer de una lista actualizada de sus asociados, llevar una contabilidad que permita conocer el patrimonio, el resultado y su situación financiara, recoger las actividades desarrolladas, realizar inventario de sus bienes y contar con un libro de actas de las reuniones celebradas. Las cuentas de una asociación se aprueban en la Asamblea General.

En cuanto a los órganos de gobierno, el patronato, que se reúne al menos dos veces al año (Acción contra el Hambre, 2022), ejerce todas las competencias en el caso de una fundación (Asociación Española de Fundaciones, s.f.), mientras que en una asociación, las funciones de administración y gobierno se separan y las ejercen la junta directiva y la asamblea general, respectivamente.

El gráfico 7 presenta, a modo de resumen, las principales diferencias en la gestión y funcionamiento de una fundación y una asociación.

	FUNDACIÓN	ASOCIACIÓN
Personalidad jurídica	Desde la inscripción en el Registro de Fundaciones	Se adquiere por la voluntad colectiva de sus promotores. La inscripción en el Registro General de Asociaciones no es obligatoria, pero sí conveniente
Dotación (para su constitución)	Adecuada y suficiente para el cumplimiento de los fines fundacionales. Se presumirá suficiente... 30.000 euros.	No es obligatoria
Organos de Gobierno	Patronato (designado por el fundador o fundadores). Mínimo tres personas.	La Asamblea General de los asociados y la Junta Directiva elegida por la Asamblea General.
Patrimonio y control público	Para la enajenación o gravamen de más del 20% de la Fundación o de su dotación fundacional requiere la autorización del Protectorado, órgano de control público sobre las fundaciones que existe en varios Ministerios.	No requiere patrimonio fundacional y no existe órgano de control más allá del Registro Gral. de sociaciones
Contabilidad, auditoría y presupuestos	1. Inventario. Cuentas anuales: Balance de Situación, Cuenta de Resultados y Memoria de actividades (remisión al Protectorado). 2. Remisión previa a Protectorado de Plan anual de actuación. 3. Auditoría externa para las grandes fundaciones.	1. Inventario. Cuentas anuales: Balance de Situación, Cuenta de Resultados. 2. Libro de actas. Con utilidad pública: rendición de cuentas y presentación de memoria de actividades.
Financiación	1. Dotación fundacional. 2. Otros: subvenciones, donaciones, patrocinios, etc.	1. Cuotas de asociados. 2. Otros: subvenciones, donaciones, etc.

Gráfico 7: Diferencias entre una asociación y una fundación. (Fuente: CE Consulting Fundaciones y Asociaciones, s.f.)

3.3. Creación de una ONG

En primer lugar, ya se trate de una asociación o de una fundación (y una vez se tenga el acta fundacional, en el caso de la primera, o la escritura de constitución en el caso de la segunda, junto con los respectivos estatutos), hay que solicitar un número de identificación fiscal propio para poder así abrir cuentas bancarias, operar y dejar constancia de ingresos y gastos y, del mismo modo, darse de alta en la Seguridad Social para ejercer como entidad empleadora con personal asalariado (ACNUR, 2017) y tramitar la exención del impuesto de actividades económicas en virtud de la Ley 49/2002, de 23 de diciembre, de régimen fiscal de las entidades sin fines lucrativos y de los incentivos fiscales al mecenazgo.

3.3.1. Financiación de una ONG

Dentro de una ONG es de vital importancia contar con financiación y, para poder captar fondos las entidades recurren a las siguientes fórmulas (ACNUR, 2017):

a) Captación de socios: un socio de una ONG se compromete a hacer aportaciones periódicas (mensuales o anuales) con las que la organización financia sus proyectos. Estas aportaciones son desgravables.

b) Donaciones: si se produce una situación de emergencia a la que acuda la organización se pueden recibir donaciones puntuales. Todas las donaciones pueden desgravarse.
c) Subvenciones públicas de instituciones nacionales u organismos internacionales y subvenciones privadas a través de acuerdos con entidades para donaciones de productos o financiación de proyectos.

Oxfam Intermón (2022) apunta también a las tiendas solidarias y a los testamentos solidarios como fuente de financiación de las ONG. UNICEF (2022) explica que para realizar un testamento solidario hay que acudir a la notaría y pedir que se incluya la ONG elegida en el testamento respetando las pautas legales y recomienda informar a la organización y, de ser posible, enviar una copia.

3.3.2. Formas de colaborar con una ONG

Existen distintas maneras de colaborar con una ONG:

a) Como socio: una persona que colabora económicamente con aportaciones regulares
b) Como voluntario: una persona que colabora con la entidad no económicamente sino ofreciendo su tiempo. ACNUR (2017a) distingue entre las siguientes figuras de voluntario:
   - voluntario puntual: aquella persona que colabora con la ONG con motivo de un evento o situación concreta.
   - voluntario sobre el terreno: una persona que viaja fuera de su país para colaborar en las actividades que la ONG lleva a cabo en el extranjero.
   - voluntario en oficinas: una persona que colabora en las distintas sedes de la ONG realizando trabajos administrativos o de gestión.
c) Como cooperante: un profesional con contrato laboral que trabaja en un país de desarrollo al servicio de la entidad promotora de la cooperación internacional.

3.4. Propuesta de actividades formativas

En el caso de la formación para intérpretes que realicen su labor en ONG proponemos dividir los supuestos en tres ejes temáticos: 1) ayuda humanitaria, 2) inclusión y 3) empleo.

En lo que respecta al primero de ellos, la ayuda humanitaria, sugerimos aplicar el método del caso con prácticas de interpretación en las siguientes situaciones ficticias:

- información sobre entidades sociales especializadas
- información sobre comedores
- información sobre alojamientos de emergencia
- información sobre servicios sociales

Por su parte, con el objetivo de preparar a los futuros intérpretes de cara a trabajar en situaciones comunicativas donde el tema sea la inclusión, proponemos los siguientes supuestos:

- oferta de talleres: alfabetización, español, informática, cultura española, etc.
- actividades de la ONG
- apoyo escolar
- cómo empadronarse

Por último, en la tercera área temática, el empleo, las sugerencias de prácticas formativas son las siguientes:

- información sobre el Servicio Público de Empleo Estatal (SEPE)
- presolicitud y trámites de prestaciones del SEPE
- formación a través del SEPE

En este contexto es importante también realizar prácticas de traducción a la vista. En este sentido, las propuestas de formación son las siguientes:

1) Ámbito de la ayuda humanitaria:
    - información sobre comedores sociales y requisitos para acceder
    - información sobre alojamientos temporales
    - información sobre ayudas sociales
2) Inclusión:

- material informativo sobre los talleres y actividades que se llevan a cabo en una ONG
- material informativo sobre cómo empadronarse
- formularios de empadronamiento

3) Empleo[2]:
- formulario de pre-solicitud de prestación individual
- formulario de declaración de búsqueda activa de empleo
- FAQS sobre prestaciones por desempleo
- información sobre reconocimiento de la experiencia laboral
- información sobre actividades formativas

---

[2] Si bien la sede electrónica del SEPE cuenta con una pestaña donde seleccionar el idioma (castellano, catalán, euskera, gallego, francés, inglés y valenciano), muchas de las páginas únicamente se encuentran en castellano (datos a fecha de diciembre de 2022).

4. Contexto de interpretación: los centros sanitarios

4.1. Marco legal del sistema sanitario español

La Constitución Española (1978), en su título I «De los derechos y deberes fundamentales», capítulo tercero «De los principios rectores de la política social y económica», en su artículo 43 recoge lo siguiente:

1) Se reconoce el derecho a la protección de la salud.
2) Compete a los poderes públicos organizar y tutelar la salud pública a través de medidas preventivas y de las prestaciones y servicios necesarios. La ley establecerá los derechos y deberes de todos al respecto.
3) Los poderes públicos fomentarán la educación sanitaria, la educación física y el deporte. Asimismo, facilitarán la adecuada utilización del ocio.

Así pues, vemos que en este artículo se plasman los derechos de los ciudadanos y las obligaciones en materia de sanidad. No obstante, las competencias en sanidad, igual que ocurre en educación, están descentralizadas y, por lo tanto, recaen sobre las comunidades autónomas ciertas competencias en este ámbito (Constitución Española, artículo 137).

En el título VIII «De la organización territorial del Estado», capítulo tercero «De las Comunidades Autónomas», artículo 148, se especifican los ámbitos en los que las comunidades autónomas asumen competencias. En el caso de la sanidad, estas competencias quedan recogidas en los siguientes apartados:

- 19º. Promoción del deporte y de la adecuada utilización del ocio.
- 20º. Asistencia social.
- 21º. Sanidad e higiene.

Por su parte, el artículo 149 del mismo título y capítulo establece la competencia exclusiva del Estado sobre algunos ámbitos. En materia de sanidad, los siguientes apartados recogen las disposiciones legales aplicables:

- 16º. Sanidad exterior. Bases y coordinación general de la sanidad. Legislación sobre productos farmacéuticos.
- 17º. Legislación básica y régimen económico de la Seguridad Social, sin perjuicio de la ejecución de sus servicios por las Comunidades Autónomas.

4.2. Organización del sistema sanitario español

La Ley 14/1986, de 25 de abril, General de Sanidad establece distintos niveles de estructura del sistema sanitario: 1) nivel central, 2) nivel autonómico y 3) área de salud.

El nivel central representa al Estado en las figuras del Ministerio de Sanidad, el Ministerio de Derechos Sociales y Agenda 2030 y el Ministerio de Igualdad[3].

En el nivel autonómico encontramos a las distintas comunidades autónomas. A este respecto, el artículo 50 de la Ley 14/1986 General de Sanidad establece que cada comunidad autónoma debe contar con un Servicio de Salud que englobará a todos los centros, servicios y entidades de dicha comunidad, diputaciones, ayuntamientos y cualquier otra administración que exista en la comunidad. La gestión de este Servicio de Salud recae en cada una de las comunidades autónomas.

Presentamos a continuación los Servicios de Salud de cada comunidad autónoma (Ministerio de Sanidad, 2022):

- Servicio Andaluz de Salud (SAS)
- Servicio Aragonés de Salud (SALUD)
- Servicio de Salud del Principado de Asturias (SESPA)
- Servicio de Salud de las Islas Baleares (IB-SALUT)
- Servicio Canario de Salud
- Servicio Cántabro de Salud (SCS)
- Servicio de Salud de Castilla-La Mancha (SESCAM)
- Sanidad Castilla y León (SACYL)
- Servicio Catalán de Salud (CATSALUT)

---

3   La nomenclatura de los ministerios se corresponde a la existente en España a fecha de diciembre de 2022.

Organización del sistema sanitario español

- Agencia Valenciana de Salud
- Servicio Extremeño de Salud (SES)
- Servicio Gallego de Salud (SERGAS)
- Servicio Madrileño de Salud (SERMAS)
- Servicio Murciano de Salud
- Servicio Navarro de Salud (OSASUNBIDEA)
- Servicio Vasco de Salud (OSAKIDETZA)
- Servicio Riojano de Salud
- Instituto Nacional de Gestión Sanitaria (INGESA)

En lo que se refiere a las áreas de salud, el artículo 56 de la Ley 14/1986 General de Sanidad explica qué son y cómo deben limitarse en los términos recogidos en los apartados 1, 2 y 5:

1) Las Comunidades Autónomas delimitarán y constituirán en su territorio demarcaciones denominadas Áreas de Salud, debiendo tener en cuenta a tal efecto los principios básicos que en esta Ley se establecen, para organizar un sistema sanitario coordinado e integral.

2) Las Áreas de Salud son las estructuras fundamentales del sistema sanitario, responsabilizadas de la gestión unitaria de los centros y establecimientos del Servicio de Salud de la Comunidad Autónoma en su demarcación territorial y de las prestaciones sanitarias y programas sanitarios a desarrollar por ellos.

5) Como regla general, y sin perjuicio de las excepciones a que hubiera lugar, atendidos los factores expresados en el apartado anterior, el Área de Salud extenderá su acción a una población no inferior a 200.000 habitantes ni superior a 250.000. Se exceptúan de la regla anterior las Comunidades Autónomas de Baleares y Canarias y las ciudades de Ceuta y Melilla, que podrán acomodarse a sus específicas peculiaridades. En todo caso, cada provincia tendrá, como mínimo, un Área.

Al frente de las áreas de salud está el Consejo de Salud de Área, el Consejo de Dirección de Área y el Gerente de Área.

El Consejo de Salud de Área es un órgano de participación. Un 50 % de sus miembros pertenecen a las corporaciones locales, no menos de un 25 % a los sindicatos y el porcentaje restante a la administración sanitaria. Sus funciones, según el artículo 58 de la Ley 14/1986, son las siguientes:

a) Verificar la adecuación de las actuaciones en el Área de Salud a las normas y directrices de la política sanitaria y económica.
b) Orientar las directrices sanitarias del Área, a cuyo efecto podrán elevar mociones e informes a los órganos de dirección.
c) Proponer medidas a desarrollar en el Área de Salud para estudiar los problemas sanitarios específicos de la misma, así como sus prioridades.
d) Promover la participación comunitaria en el seno del Área de Salud.
e) Conocer e informar el anteproyecto del Plan de Salud del Área y de sus adaptaciones anuales.
f) Conocer e informar la Memoria anual del Área de Salud.

El Consejo de Dirección de Área es el órgano encargado de formular las directrices en política de salud y controlar la gestión del Área en virtud de la normativa establecida por el Gobierno autonómico. Sus miembros están integrados en un 60 % por representantes de la comunidad autónoma y por representantes de las corporaciones locales. Según establece la Ley 14/1986, las funciones del Consejo de Dirección de Área son las siguientes:

a) La propuesta de nombramiento y cese del gerente del Área de Salud.
b) La aprobación del proyecto del Plan de Salud del Área, dentro de las normas, directrices y programas generales establecidos por la Comunidad Autónoma.
c) La aprobación de la Memoria anual del Área de Salud.
d) El establecimiento de los criterios generales de coordinación en el Área de Salud.
e) La aprobación de las prioridades especificas del Área de Salud.
f) La aprobación del anteproyecto y de los ajustes anuales del Plan de Salud del Área.
g) La elaboración del Reglamento del Consejo de Dirección y del Consejo de Salud del Área, dentro de las directrices generales que establezca la Comunidad Autónoma.

El Gerente de Área es propuesto para el cargo por el Consejo de Dirección del Área y lo nombra y lo puede cesar la Dirección del Servicio de Salud de la comunidad autónoma. Cuando se le convoca asiste a las reuniones del Consejo de Dirección y puede manifestar su opinión, pero no tiene derecho a voto. Su cometido es ejecutar las directrices del Consejo de Dirección, el Plan de Salud del Área y las normas de la Administración autonómica y central. Presenta los anteproyectos del Plan de Salud, sus adaptaciones anuales y el proyecto de Memoria Anual del Área de Salud (Ley 14/1986).

La Ley 16/2003, de 28 de mayo, de cohesión y calidad del Sistema Nacional de Salud, tiene como objetivo establecer un marco legal para la cooperación y la coordinación de las diferentes administraciones públicas sanitarias para garantizar la calidad, la equidad y la participación social en el sistema. Los principios generales de esta ley, recogidos en el artículo 2, son:

a) La prestación de los servicios a los usuarios del Sistema Nacional de Salud en condiciones de igualdad efectiva y calidad, evitando especialmente toda discriminación entre mujeres y hombres en las actuaciones sanitarias.
b) El aseguramiento universal y público por parte del Estado.
c) La coordinación y la cooperación de las Administraciones públicas sanitarias para la superación de las desigualdades en salud, en los términos previstos en esta ley y en la Ley General de Salud Pública.
d) La prestación de una atención integral a la salud, comprensiva tanto de su promoción como de la prevención de enfermedades, de la asistencia y de la rehabilitación, procurando un alto nivel de calidad, en los términos previstos en esta ley y en la Ley General de Salud Pública.
e) La financiación pública del Sistema Nacional de Salud, de acuerdo con el vigente sistema de financiación autonómica.
f) La igualdad de oportunidades y la libre circulación de los profesionales en el conjunto del Sistema Nacional de Salud.
g) La colaboración entre los servicios sanitarios públicos y privados en la prestación de servicios a los usuarios del Sistema Nacional de Salud.
h) La colaboración de las oficinas de farmacia con el Sistema Nacional de Salud en el desempeño de la prestación farmacéutica.

Se establece también la existencia de un órgano que vele por la coordinación, la cooperación y la comunicación entre los diferentes servicios de salud de las comunidades autónomas y con el Gobierno central. Se trata del Consejo Interterritorial del Sistema Nacional de Salud y su objetivo es garantizar la cohesión del Sistema Nacional de Salud. Su composición es la siguiente (*ibidem*):

- Un presidente: el ministro de Sanidad.
- Un vicepresidente: un consejero de Sanidad elegido por el resto de consejeros.
- Los consejeros de Sanidad de las comunidades autónomas.
- Una secretaría: un titular propuesto por el ministro y ratificado por el Consejo. Asiste a las sesiones, pero no tiene voto.

Las principales funciones del Consejo Interterritorial, según el artículo 71 de la Ley 16/2003, son:

- Desarrollo de la cartera de servicios del catálogo nacional.
- Establecimiento de prestaciones sanitarias complementarias.
- Establecimiento de criterios marco que permitan garantizar un tiempo máximo de acceso a las prestaciones del Sistema Nacional de Salud.
- Establecimiento de Garantías mínimas de seguridad y calidad para la apertura de nuevos centros.
- Establecimiento de criterios para el desarrollo de la colaboración de las oficinas de farmacia.
- Establecimiento de criterios y condiciones de las convocatorias de movilidad de profesionales en territorio español.
- Establecimiento de criterios, sistemas y medios de relación que permitan la información recíproca en el Sistema Nacional de Salud, así como los criterios de seguridad y accesibilidad del sistema de información.
- Establecimiento de criterios para la elaboración y evaluación de las políticas de calidad del Sistema Nacional de Salud.
- Establecimiento de criterios sobre financiación de medicamentos y productos sanitarios.
- Establecimiento de criterios y mecanismos para garantizar la suficiencia financiera del Sistema.
- Definición de objetivos y estrategias de funcionamiento de los organismos y otras estructuras de apoyo.

4.3. Prestaciones del Sistema Nacional de Salud

La Ley 16/2003 en su artículo 7 presenta el catálogo común de prestaciones del Sistema Nacional de Salud, que quedaría compuesto por:

- Salud pública

- Atención primaria
- Atención especializada
- Atención sociosanitaria
- Atención de urgencias
- Prestación farmacéutica
- Prestación ortoprotésica
- Prestación de productos dietéticos
- Prestación de transporte sanitario

Este catálogo puede ser complementado por las comunidades autónomas en el ámbito de sus competencias.

4.3.1. La atención primaria y la atención especializada

De cara a conseguir la mayor operatividad y eficacia en el funcionamiento de los servicios, las Áreas de Salud se dividen, a su vez, en zonas básicas de salud (Ley 14/1986). A la hora de proceder a su delimitación, el artículo 62 recoge que debe tenerse en cuenta:

a) Las distancias máximas de las agrupaciones de población más alejadas de los servicios y el tiempo normal a invertir en su recorrido usando los medios ordinarios.
b) El grado de concentración o dispersión de la población.
c) Las características epidemiológicas de la zona.
d) Las instalaciones y recursos sanitarios de la zona.

A cada zona básica de salud le corresponde un centro de salud, que, según el artículo 64, debe contar con una estructura física de consultas y servicios asistenciales en consonancia con la zona en la que se encuentra, debe disponer de los recursos materiales para la realización de exploraciones, debe ser un centro de reunión entre la población y los profesionales sanitarios, debe facilitar el trabajo a los profesionales sanitarios así como mejorar la organización administrativa de la atención sanitaria en su zona. Sería la atención primaria (Ministerio de Sanidad, Servicios Sociales e Igualdad, 2012).

Cada Área de Salud contará con o estará vinculada a un hospital general, dotado de los servicios necesarios en función de la población que vive en la demarcación, su estructura y su situación sanitaria. En este hospital se prestará asistencia especializada y complementaria, y acogerá los internamientos clínicos (Ley 14/1986). La asistencia hospitalaria es atención especializada (Ministerio de Sanidad, Servicios Sociales e Igualdad, 2012).

El gráfico 8 presenta una visión general de las diferentes asistencias que se prestan en atención primaria y atención especializada:

	ATENCIÓN PRIMARIA	ATENCIÓN ESPECIALIZADA
Características	Accesibilidad	Complejidad técnica
Actividades	Promoción de la salud y de prevención de la enfermedad con capacidad de resolución técnica para abordar de forma completa los problemas de salud más frecuentes	Cuenta con los medios diagnósticos y terapeúticos de mayor complejidad y coste cuya eficiencia aumenta si se concentran
Acceso	Espontáneo	Por indicación de los facultativos de atención primaria
Dispositivo asistencial	Centros de salud y consultorios locales	Centros de especialidades y hospitales
Régimen de atención	En el centro y en el domicilio del ciudadano	De manera ambulatoria o con internamiento

Gráfico 8: Diferencias entre la atención primaria y la atención especializada (Fuente: Ministerio de Sanidad, Servicios Sociales e Igualdad, 2012)

4.3.2. Beneficiarios del Sistema Nacional de Salud

En cuanto a quién puede acceder al Sistema Nacional de Salud (SNS), la Ley 16/2003 contempla que podrán hacerlo las personas con nacionalidad española y aquellos extranjeros residentes en España y no residentes de existir un convenio bilateral con su país de origen en materia sanitaria. No obstante, si no se cumplen estos requisitos, también se podrá hacer uso del SNS mediante el pago de la correspondiente contraprestación.

Todas las personas extranjeras no registradas ni autorizadas como residentes que se encuentren en España pueden recibir la misma asistencia sanitaria que un ciudadano español y el coste recaerá en los fondos públicos de la Administración competente si la persona fuera ciudadana de la Unión Europea, de un país con el que exista convenio bilateral u otra normativa aplicable, si no puede exportar el derecho a asistencia sanitaria desde su país de origen o si no existe un tercero obligado al pago.

4.4. Propuesta de actividades formativas

Presentamos a continuación una serie de ejercicios de simulación y de traducción a la vista que pueden resultar útiles en la formación de intérpretes sociales que trabajen en centros sanitarios.

En lo que se refiere a las propuestas de traducción a la vista, consideramos útil incluir lo siguiente:

- hojas informativas sobre la asistencia sanitaria: requisitos y documentación para solicitarla.
- información sobre cómo incluir a beneficiarios de los titulares de asistencia sanitaria.
- información para solicitar la Tarjeta Sanitaria Europea.
- prospectos de medicamentos.
- resultados de analíticas.
- informes de pruebas diagnósticas.
- cartillas de vacunación.

Por su parte, a la hora de crear ejercicios de simulación de situaciones reales, nos hemos guiado por las pautas de atención incluidas en el Real Decreto-ley 16/2012, de 20 de abril, de medidas urgentes para garantizar la sostenibilidad del Sistema Nacional de Salud y mejorar la calidad y seguridad de sus prestaciones, a partir del día 1 de septiembre de 2012 y que fue derogado por el Real Decreto-ley 7/2018, de 27 de julio, sobre el acceso universal al Sistema Nacional de Salud. Este Real Decreto-ley establecía que los ciudadanos extranjeros no autorizados a residir en España solo tendrían acceso a la atención sanitaria en ciertos casos específicos. Considerando que es imposible practicar todos los supuestos que pueden darse en un centro sanitario, e independientemente de la opinión que merezca el documento, centrar la práctica en algunos de los casos que plantea nos permite acotar el campo. De esta forma, proponemos crear situaciones como las siguientes:

- información sobre cómo adquirir la tarjeta sanitaria
- seguimiento del embarazo en el centro de salud
- seguimiento del embarazo en el hospital
- seguimiento del postparto en el centro de salud
- vacunación de menores

- medicina de urgencias: fractura con y sin hospitalización
- enfermedades comunes: amigdalitis, laringitis, faringitis, otitis, conjuntivitis, gripe, COVID-19, ciática, artrosis, infección de la vías respiratorias, infección de orina, contracturas, alergias e intolerancias, gastroenteritis, diabetes, cefalea, ansiedad, etc.

5. Contexto de interpretación: los tribunales de justicia

5.1. Marco legal del sistema judicial español

La Constitución Española (1978), en su título VI «Del poder judicial», artículo 117, establece que la justicia en España es independiente del resto de poderes, que nace del pueblo y que los jueces y los magistrados son los encargados de hacer que se cumpla en nombre del rey. Estos jueces y magistrados son independientes y únicamente deben someterse a lo establecido en las leyes.

A continuación, el artículo 118 plasmas las obligaciones que tienen los ciudadanos en materia de justicia y, a este respecto, recoge que deben colaborar con jueces y tribunales cuando así se les solicite y que están obligados a cumplir las sentencias y resoluciones dictadas por ellos. Según el artículo 120, las actuaciones judiciales serán públicas (salvo las excepciones contempladas por la ley), el procedimiento se llevará a cabo preferentemente de forma oral (sobre todo en materia criminal) y en las sentencias siempre habrá un apartado dedicado a la motivación de la resolución y se pronunciarán en audiencias públicas.

La Ley Orgánica 6/1985, de 1 de julio, del Poder Judicial es la ley en la que se establece la composición, el funcionamiento y el gobierno de los juzgados y de los tribunales. Igualmente, es el documento que determina el estatuto jurídico de los jueces y magistrados, así como del personal de la Administración de Justicia.

Al frente del Poder Judicial está el Consejo General del Poder Judicial, presidido por el presidente del Tribunal Supremo, y compuesto, además, por otros veinte miembros nombrados por el rey por un periodo de cinco años. Doce de estos veinte miembros serán jueces o magistrados en activo y ocho juristas de reconocida competencia. En la Ley Orgánica 6/1985 también quedan recogidas las incompatibilidades de los integrantes del Consejo, así como sus funciones y los procedimientos de nombramientos, ascensos, inspección y régimen disciplinario.

5.1.1. El Ministerio Fiscal

El artículo 124 de la Constitución Española y el artículo 541 de la Ley Orgánica 6/1985 establecen que el objetivo del Ministerio Fiscal es promover las actuaciones judiciales en defensa de la legalidad, los derechos de los ciudadanos y del interés público y la independencia de los tribunales y para ello puede actuar a petición de los interesados o de oficio. Debe actuar siempre de forma legal e imparcial, en los términos establecidos por el Estatuto Orgánico del Ministerio Fiscal recogido en la Ley 50/1981, de 30 de diciembre, por la que se regula el Estatuto Orgánico del Ministerio Fiscal. Según el texto, en la redacción del artículo tercero, el Ministerio Fiscal debe:

1) Velar por que la función jurisdiccional se ejerza eficazmente conforme a las leyes y en los plazos y términos en ellas señalados, ejercitando, en su caso, las acciones, recursos y actuaciones pertinentes.
2) Ejercer cuantas funciones le atribuya la ley en defensa de la independencia de los jueces y tribunales.
3) Velar por el respeto de las instituciones constitucionales y de los derechos fundamentales y libertades públicas con cuantas actuaciones exija su defensa.
4) Ejercitar las acciones penales y civiles dimanantes de delitos, sin perjuicio de la competencia de la Fiscalía Europea para ejercer la acción penal y solicitar la apertura de juicio oral por los delitos contra los intereses financieros de la Unión que asuma de acuerdo con su normativa, u oponerse a las ejercitadas por otros, cuando proceda.
5) Intervenir en el proceso penal, instando de la autoridad judicial la adopción de las medidas cautelares que procedan y la práctica de las diligencias encaminadas al esclarecimiento de los hechos o instruyendo directamente el procedimiento en el ámbito de lo dispuesto en la Ley Orgánica reguladora de la Responsabilidad Penal de los Menores, pudiendo ordenar a la Policía Judicial aquellas diligencias que estime oportunas.
6) Tomar parte, en defensa de la legalidad y del interés público o social, en los procesos relativos al estado civil y en los demás que establezca la ley.

7) Intervenir en los procesos civiles que determine la ley cuando esté comprometido el interés social o cuando puedan afectar a personas menores, incapaces o desvalidas en tanto se provee de los mecanismos ordinarios de representación.
8) Mantener la integridad de la jurisdicción y competencia de los jueces y tribunales, promoviendo los conflictos de jurisdicción y, en su caso, las cuestiones de competencia que resulten procedentes, e intervenir en las promovidas por otros.
9) Velar por el cumplimiento de las resoluciones judiciales que afecten al interés público y social.
10) Velar por la protección procesal de las víctimas y por la protección de testigos y peritos, promoviendo los mecanismos previstos para que reciban la ayuda y asistencia efectivas.
11) Intervenir en los procesos judiciales de amparo, así como en las cuestiones de inconstitucionalidad en los casos y forma previstos en la Ley Orgánica del Tribunal Constitucional.
12) Interponer el recurso de amparo constitucional, así como intervenir en los procesos de que conoce el Tribunal Constitucional en defensa de la legalidad, en la forma en que las leyes establezcan.
13) Ejercer en materia de responsabilidad penal de menores las funciones que le encomiende la legislación específica, debiendo orientar su actuación a la satisfacción del interés superior del menor.
14) Intervenir en los supuestos y en la forma prevista en las leyes en los procedimientos ante el Tribunal de Cuentas. Defender, igualmente, la legalidad en los procesos contencioso-administrativos y laborales que prevén su intervención.
15) Promover o, en su caso, prestar el auxilio judicial internacional previsto en las leyes, tratados y convenios internacionales.
16) Ejercer las demás funciones que el ordenamiento jurídico estatal le atribuya.

El Ministerio Fiscal está encabezado por el Fiscal General del Estado, pero en total son 14 los órganos que lo componen:

a) El Fiscal General del Estado.
b) El Consejo Fiscal.
c) La Junta de Fiscales de Sala.

d) La Junta de Fiscales Superiores de las Comunidades Autónomas.
e) La Fiscalía del Tribunal Supremo.
f) La Fiscalía ante el Tribunal Constitucional.
g) La Fiscalía de la Audiencia Nacional.
h) Las Fiscalías Especiales.
i) La Fiscalía del Tribunal de Cuentas.
j) La Fiscalía Jurídico Militar.
k) Las Fiscalías de las Comunidades Autónomas.
l) Las Fiscalías Provinciales.
m) Las Fiscalías de Área.
n) La Unidad de Supervisión y Control de Protección de Datos.

5.2. La organización de la justicia

El Ministerio de Justicia (2021) establece, a efectos judiciales, una división del territorio nacional en municipios, partidos judiciales, provincias y comunidades autónomas. Según las definiciones que presenta, un municipio, una provincia y una comunidad autónoma son demarcaciones administrativas que llevan, respectivamente, el mismo nombre, mientras que un partido judicial es una unidad territorial integrada por uno (si hay suficiente carga de trabajo) o varios municipios limítrofes y pertenecientes a una misma provincia que cuenta con una cabeza de partido judicial, que es el municipio de mayor población o en el que hay uno o varios juzgados de primera instancia e instrucción.

El ejercicio de la potestad jurisdiccional corresponde a los siguientes juzgados y tribunales:

- juzgados de Paz
- juzgados de Primera Instancia e Instrucción
- juzgados de lo Mercantil
- juzgados de Violencia sobre la Mujer
- juzgados de lo Penal
- juzgados de lo Contencioso-Administrativo
- juzgados de lo Social
- juzgados de Menores
- juzgados de Vigilancia Penitenciaria
- Audiencias Provinciales

- Tribunales Superiores de Justicia
- Audiencia Nacional
- Tribunal Supremo

Todos son órganos unipersonales, a excepción del Tribunal Supremo, la Audiencia Nacional, los Tribunales Superiores de Justicia y las Audiencias Provinciales. Los órganos unipersonales están a cargo de jueces y los colegiados de magistrados.

5.2.1. Los juzgados de Paz

Los juzgados de Paz se encuentran en los municipios en los que no hay un juzgado de Primera Instancia e Instrucción. Al frente de estos juzgados hay personas que no pertenecen a la carrera judicial y que son elegidas por mayoría absoluta en el Pleno del Ayuntamiento entre los candidatos para un periodo de cuatro años (Ley Orgánica 6/1985).

Asumen competencias de importancia menor en los ámbitos civil y penal (Poder Judicial, 2022) y desempeñan un papel esencial al facilitar la comunicación de los demás órganos judiciales con los ciudadanos del municipio.

5.2.2. Los juzgados de Primera Instancia e Instrucción

Los juzgados de Primera Instancia e Instrucción son órganos unipersonales y tienen competencias tanto en el orden civil como en el penal. Están ubicados en las cabezas de los partidos judiciales y, en la mayoría de los casos, es necesario que los ciudadanos acudan a sus dependencias para la práctica de pruebas (Poder Judicial, 2022).

En el orden civil es el primer órgano al que pueden acudir los ciudadanos para cualquier conflicto existente entre ellos y dirime los recursos que establezca la ley contra las resoluciones de los juzgados de Paz. Además reconoce y ejecuta las sentencias y resoluciones judiciales extranjeras dentro de su competencia. Contra sus resoluciones se puede presentar un recurso de apelación ante la Audiencia Provincial de la comunidad autónoma donde se encuentre el juzgado (*ibidem*).

En el orden penal instruyen las causas por delito que se juzgarán en la Audiencia Provincial y en los juzgados de lo Penal; conocen y fallan los juicios de faltas que no sean competencia de los juzgados de Paz o de los juzgados de Violencia sobre la mujer la Mujer; adoptan las órdenes de protección a las víctimas de violencia sobre la mujer en funciones de guardia; tratan los procedimientos de decomiso autónomo que les competan y conocerán la autorización de internamiento de extranjeros en los centros de internamiento, el control de la estancia de estos en dichos centros o en las salas de inadmisión de fronteras y las peticiones y quejas contra sus derechos fundamentales que puedan manifestar los internos (Ley Orgánica 6/1985).

5.2.3. Los juzgados de lo Mercantil

En las capitales de provincia habrá siempre, al menos, un juzgado de lo Mercantil. Son órganos en el orden civil especializados en materia de propiedad intelectual e industrial; competencia desleal; publicidad; sociedades mercantiles; sociedades cooperativas; agrupaciones de interés económico; transporte terrestre nacional o internacional; derecho marítimo y derecho aéreo (*ibidem*).

También conocerán causas del orden civil en materia de concurso de acreedores, de planes de reestructuración y del procedimiento especial para microempresas y serán competentes para el reconocimiento y ejecución de sentencias y otras resoluciones extranjeras sobre las materias de su competencia.

A modo extraordinario, además de las competencias ordinarias que les corresponden a los juzgados de lo Mercantil con sede en Alicante, estos pueden conocer en primera instancia y en todo el territorio nacional las actuaciones que se lleven a cabo en virtud del Reglamento (UE) 2017/1001, del Parlamento Europeo y del Consejo, de 14 de junio de 2017, sobre la marca de la Unión Europea, y del Reglamento (CE) n.º 6/2002 del Consejo, de 12 de diciembre de 2001, sobre los dibujos y modelos comunitarios y se denominan «Juzgados de Marca de la Unión Europea» (Ley Orgánica 6/1985).

5.2.4. Los juzgados de Violencia sobre la Mujer

Estos juzgados fueron creados en virtud de lo establecido en la Ley Orgánica 1/2004, de 28 de diciembre, de Medidas de Protección Integral contra la Violencia de Género, que establece disposiciones adicionales que deben añadirse a la Ley Orgánica 6/1985, y comenzaron a funcionar el 29 de junio de 2005 (Poder Judicial, 2022).

Están situados en la capital de partido judicial y conocen causas tanto del orden civil como del orden penal:

- En el orden civil, y de conformidad con la establecido en la Ley 1/2000, de 7 de enero, de Enjuiciamiento Civil, trata asuntos de filiación, maternidad, paternidad, nulidad matrimonial, separación, divorcio, relaciones paternofiliales, asuntos relativos a la adopción o modificación de medidas familiares, causas relacionadas con la guarda y custodia de los descendientes menores de edad o con la reclamación de pensiones por alimentos interpuesta por uno de los progenitores contra el otro en nombre de los hijos, los procesos para los que exista la necesidad de asentimiento para una adopción y aquellos que tengan que ver con la oposición a las resoluciones administrativas en materia de protección de menores.

Sin embargo, tendrán competencia exclusiva y excluyente cuando se cumplan de forma simultánea las siguientes condiciones:

a) Que la causa esté relacionada con alguno de los temas que se acaban de indicar.
b) Que alguna de las partes sea víctima de violencia de género.
c) Que alguna de las partes esté acusada como autor, inductor o cooperador necesario para llevar a cabo actos de violencia de género.
d) Que estén en marcha actuaciones penales por delito o falta como consecuencia de un acto de violencia de género o que exista una orden de protección para una víctima de violencia de género.

- En el orden penal, de conformidad con la Ley de Enjuiciamiento Criminal, instruye procesos relativos a homicidio, aborto, lesiones, lesiones al feto, delitos contra la libertad, delitos contra la integridad moral, contra la libertad sexual, la intimidad y contra el derecho a la propia imagen, contra el honor u otros delitos que se lleven a cabo con violencia o intimidación por parte de alguien contra su esposa o, en su caso la mujer con la que mantenga una relación sentimental, incluso cuando no convivan juntos. También se ocupa de los delitos cometidos con violencia e intimidación contra los descendientes propios o de la esposa o conviviente, contra los menores o personas con discapacidad reconocida con los que conviva o que estén bajo la potestad, tutela, curatela, acogimiento o guarda de la esposa o conviviente.

En este orden se ocupan también de adoptar las órdenes de protección a las víctimas y de la instrucción de los procesos para exigir responsabilidades cuando se quebranten las condenas, medidas cautelares o medidas de seguridad contra las víctimas de violencia de género.

5.2.5. Los juzgados de lo Penal

Los juzgados de lo Penal se encuentran en la capital de la provincia y su jurisdicción puede extenderse a uno o varios partidos judiciales dentro de esa provincia. Se encargan de aquellas causas por delitos para los que la ley establezca una pena privativa de libertad no superior a cinco años o una multa económica, independientemente de su cuantía.

Estos juzgados también deben ejecutar las sentencias dictadas por los juzgados de Instrucción en procesos por delito grave o menos grave, así como reconocer y ejecutar las resoluciones en las que se establezcan sanciones económicas transmitidas por las autoridades competentes de otros países de la Unión Europea si estas deben cumplirse en España y los procedimientos de decomiso autónomo para los que sean competentes (Poder Judicial, 2022).

5.2.6. Los juzgados de lo Contencioso-Administrativo

En la capital de cada provincia, y con jurisdicción en toda ella, encontraremos juzgados de lo Contencioso-Administrativo. Puede haber uno o varios, en función de la población de la provincia y, de forma excepcional, el mismo juzgado de lo Contencioso-Administrativo puede tener jurisdicción en más de una provincia dentro de la misma comunidad autónoma (Ley Orgánica 6/1985).

Se encargan de dirimir los conflictos que surjan entre los ciudadanos o personas jurídicas y las Administraciones públicas y aquellos que aparezcan entre las distintas Administraciones públicas; los recursos relativos a las actividades administrativas de las comunidades autónomas y las entidades locales; los recursos de extranjería y contra actos de las juntas electorales (Poder Judicial, 2022). También, mediante auto, autorizan la entrada en los domicilios particulares para la ejecución forzosa de actos de la Administración (a excepción de la ejecución de medidas de protección de menores).

Por su parte, en Madrid están los juzgados centrales de lo Contencioso-Administrativo (Ley Orgánica 6/1985), que en primera o única instancia conocerán los recursos contencioso-administrativos contra las disposiciones y las actuaciones de autoridades, organismos y entidades públicas con competencia en todo el territorio nacional. Igualmente, son los responsables de autorizar los requerimientos de información por parte de la Agencia Española de Protección de Datos y otras autoridades a los operadores de servicios de comunicaciones y los prestadores de servicios de la sociedad de la información.

5.2.7. Los juzgados de lo Social

Por lo general, los juzgados de lo Social tienen su sede en la capital de la provincia en la que se encuentren y, en función de su población, puede haber uno o varios. Sin embargo, cuando la situación así lo aconseje por necesidades del servicio o cercanía a núcleos de trabajo, estos juzgados pueden instalarse en municipios diferentes a la capital de la provincia. Asimismo, de forma excepcional, pueden tener jurisdicción en más de una provincia dentro de la misma comunidad autónoma (Ley Orgánica 6/1985).

En primera y única instancia tratan los procesos en materia laboral y de seguridad social de este orden jurisdiccional no adscritos a otros órganos.

5.2.8. Los juzgados de Menores

La jurisdicción de estos órganos se extiende a la provincia en la que se encuentren y su sede está en la capital de dicha provincia. No obstante, también pueden extender su jurisdicción a varias provincias de la misma comunidad autónoma (Ley Orgánica 6/1985).

El fiscal es el encargado de instruir el expediente en cuestión y se lo pasa al juez de menores para que pueda tomar la decisión correspondiente. Tienen competencia ante actos tipificados por la ley como delito o falta que hayan sido cometidos por personas mayores de catorce años y menores de dieciocho y también pueden conocer, ejecutar y resolver sobre responsabilidad civil (Poder Judicial, 2022).

En Madrid está el juzgado central de Menores (Ley Orgánica 6/1985), que tiene jurisdicción en todo el territorio español y que trata aquellas causas relativas a la responsabilidad penal de los menores y la emisión y ejecución de los instrumentos de reconocimiento mutuo de resoluciones penales de la Unión Europea que le corresponda según la ley.

5.2.9. Los juzgados de Vigilancia Penitenciaria

En cada provincia existe al menos un juzgado de Vigilancia Penitenciaria. Ahora bien, la Ley Orgánica 6/1985 deja abierta la posibilidad de que su jurisdicción se extienda a dos o más provincias de la misma comunidad autónoma o que, por el contrario, la jurisdicción de un juzgado de Vigilancia Penitencia no se extienda a toda la provincia. Pertenecen al orden penal.

Sus funciones quedan recogidas en la Ley Orgánica 1/1979, de 26 de septiembre, General Penitencia y son los encargados de velar por que se respeten los derechos de los presos mientras están en prisión, controlar que se cumplan las penas privativas de libertad, controlar las medidas de seguridad de los centros penitenciarios y resolver todo lo relacionado con los internos.

La Ley Orgánica 6/1985 establece la creación de los juzgados centrales de Vigilancia Penitenciaria, con sede en Madrid, y con las funciones que establece la Ley General Penitenciaria (Ley Orgánica 1/1979), así como con la competencia de emitir y ejecutar los instrumentos de reconocimiento mutuo de resoluciones penales de la Unión Europea, en relación con los delitos competencia de la Audiencia Nacional. Esta competencia es preferente y excluyente si el reo cumple además otras condenas no impuestas por la Audiencia Nacional.

5.2.10. El Tribunal Supremo

La Constitución Española, en su artículo 123 y la Ley 6/1985 en su artículo 53, presentan a este tribunal como el órgano jurisdiccional superior en todos los órdenes, salvo las disposiciones existentes en materia de garantías constitucionales. Su jurisdicción es todo el territorio español y está compuesto por un presidente, los presidentes de sala y los magistrados establecidos legalmente para cada sala y, en caso de existir, las secciones en las que se articule. El Tribunal Supremo consta de las siguientes salas:

1) sala Primera: de lo Civil. En esta sala se tratan recursos de casación[4] y extraordinarios en materia civil establecidos por la ley, demandas de responsabilidad civil realizadas, en el ejercicio de un cargo, contra el presidente del Gobierno, del Congreso, del Senado, el presidente del Tribunal Supremo y del Consejo General del Poder Judicial, miembros del Gobierno, diputados, senadores, miembros del Consejo General del Poder Judicial, magistrados del Tribunal Constitucional y del Tribunal Supremo, presidentes de la Audiencia Nacional y de cualquiera de sus salas y de los Tribunales Superiores de Justicia, Fiscal General del Estado, Fiscales de Sala del Tribunal Supremo, presidente y consejeros del Tribunal de Cuentas, presidente y consejeros del Consejo de Estado, Defensor del Pueblo y presidente y consejeros de una comunidad autónoma, cuando así lo determine su Estatuto de Autonomía, así como las demandas de responsabilidad civil contra magistrados de la Audiencia Nacional o de los Tribunales Superiores de Justicia por hechos llevados a cabo mientras ejercían sus cargos.

2) sala Segunda: de lo Penal. Esta sala dirime recursos de casación y otros extraordinarios en materia penal establecidos por la ley, la instrucción y los procedimientos contra el presidente del Gobierno, los presidentes del Congreso y del Senado, el presidente del Tribunal Supremo y del Consejo General del Poder Judicial, el presidente del Tribunal Constitucional, miembros del Gobierno, diputados y senadores, miembros del Consejo General del Poder Judicial, magistrados del Tribunal Constitucional y del Tribunal Supremo, el presidente de la Audiencia Nacional y de cualquiera de sus salas y de los Tribunales Superiores de Justicia, el Fiscal General del Estado, los Fiscales de Sala del Tribunal Supremo, el Fiscal Europeo, el presidente y los consejeros del Tribunal de Cuentas, el presidente y los consejeros del Consejo de Estado y Defensor del Pueblo, así como de las causas que, en su caso,

---

4 Un recurso de casación es un recurso que se interpone con carácter extraordinario con el objetivo de anular una sentencia dictada por juzgados o tribunales inferiores .

determinen los Estatutos de Autonomía, y también la instrucción y los procedimientos contra magistrados de la Audiencia Nacional, de un Tribunal Superior de Justicia o de los fiscales europeos y los procedimientos de decomiso autónomo[5] por delitos de su competencia.

3) sala Tercera: de lo Contencioso-Administrativo. Esta sala se ocupa de los recursos de casación y revisión en los términos establecidos por la ley, así como de los recursos contencioso-administrativos que se interpongan contra actuaciones y decisiones del Consejo de Ministros, de las Comisiones Delegadas del Gobierno y del Consejo General del Poder Judicial y contra las actuaciones y decisiones de los órganos competentes del Congreso de los Diputados y del Senado, del Tribunal Constitucional, del Tribunal de Cuentas y del Defensor del Pueblo según lo establecido por la Ley, de la solicitud del Gobierno para revocar o convalidar acuerdos sobre la gestión del servicio, intervención o explotación de redes de telecomunicaciones y la solicitud del Consejo General del Poder Judicial de autorización en materia de protección de datos personales y garantía de derechos digitales.

4) sala Cuarta: de lo Social. Aquí se tratarán recursos de casación, revisión u otros extraordinarios establecidos por ley en este ámbito jurisdiccional.

5) sala Quinta: de lo Militar. Esta Sala tiene el mismo régimen y estatutos que las otras Salas, pero se rige por lo dispuesto en la Ley Orgánica 4/1987, de 15 de julio, de la Competencia y Organización de la Jurisdicción Militar. Está compuesta por magistrados procedentes de la jurisdicción militar y de la ordinaria y es un órgano de nivel superior a los Tribunales Militares Territoriales. Trata los recursos de casación y revisión establecidos por ley contra las decisiones del Tribunal Militar Central y los Tribunales Militares Territoriales, instruye y enjuicia en única instancia los procedimientos por delitos y faltas no disciplinarias competencia de la Jurisdicción Militar, contra los Capitanes Generales, Generales del Ejército, Almirantes Generales y Generales del Aire,

---

5 El procedimiento de decomiso autónomo es un procedimiento que impide que un acusado de un delito pueda obtener las ganancias derivadas del delito que ha cometido

Tenientes Generales y Almirantes, miembros del Tribunal Militar Central, Fiscal Togado, Fiscales de la Sala de lo Militar del Tribunal Supremo y Fiscal del Tribunal Militar Central; los procesos de recusación contra uno o dos magistrados de la Sala o más de dos miembros de la Sala de Justicia del Tribunal Militar Central; recursos jurisdiccionales en materia de disciplina militar contra las sanciones impuestas por el Ministerio de Defensa, etc.

5.2.11. La Audiencia Nacional

La Audiencia Nacional tiene sede en Madrid, pero es un órgano con jurisdicción en toda España. Está compuesto por cuatro Salas (Ley Orgánica 6/1985):

1) La sala de Apelación, que dirime los recursos contra las resoluciones de la Sala de lo Penal.
2) La sala de lo Penal, que trata los delitos contra la Corona; la falsificación de moneda, tarjetas bancarias y cheques de viaje por parte de organizaciones criminales; el fraude contra la seguridad del tráfico mercantil, de la economía nacional en el territorio de más de una Audiencia; el tráfico de drogas, fraudes de sustancias farmacéuticas o alimentarios por parte de grupos organizados en el territorio de más de una Audiencia; delitos cometidos fuera de España cuando corresponda ser juzgados por tribunales españoles; delitos de contrabando en materia de defensa y de materiales y tecnología de doble uso; procedimientos de decomiso autónomo de los que son competentes, etc.
3) La sala de lo Contencioso-Administrativo, que trata los recursos contencioso-administrativos contra decisiones y actuaciones de ministros y secretarios de Estado fuera de la competencia de los juzgados centrales de lo Contencioso-Administrativo; en única instancia, los recursos contencioso-administrativos contra las actuaciones de la Comisión de Vigilancia de Actividades de Financiación de Terrorismo; recursos sobre convenios entre las Administraciones públicas fuera de la competencia de los Tribunales Superiores de Justicia, entre otros.
4) La sala de lo Social, que se dedica a procesos de impugnación de convenios colectivos y procesos sobre conflictos colectivos, en ambos casos

con ámbito de aplicación más allá del territorio de una comunidad autónoma.

5.2.12. Los Tribunales Superiores de Justicia

En cada una de las comunidades autónomas hay un Tribunal Superior de Justicia, que es el órgano de mayor nivel en la jurisdicción de la comunidad en la que se encuentre y toma su nombre. Está compuesto por tres salas (Ley Orgánica 6/1985):

1) La sala de lo Civil y Penal trata los recursos de casación contra órganos judiciales de orden civil de rango inferior pertenecientes a la comunidad autónoma; el recurso contra sentencias de órganos de orden civil con sede en la comunidad; las causas penales que los Estatutos de Autonomía asignen a estos tribunales; la instrucción y los procesos penales contra jueces, magistrados y miembros del Ministerio Fiscal por delitos o faltas cometidos cuando ejercían su cargo en la comunidad autónoma; los recursos de apelación contra sentencias de las Audiencias Provinciales; los procesos de decomiso autónomo por delitos de los que sean competentes; etc.

2) La sala de lo Contencioso-Administrativo. Esta sala dirime, en única instancia, las actuaciones de organismos locales y de la Administración de la comunidad autónoma que no sea competencia de los juzgados de lo Contencioso-Administrativo; las actuaciones y las resoluciones de los Tribunales Económico-Administrativos regionales y locales que pongan fin a la vía económico-administrativa; las actuaciones y resoluciones de las juntas electorales provinciales y de las comunidades autónomas y los recursos contra acuerdos de las juntas electorales; los convenios entre Administraciones públicas que actúen dentro de la comunidad, etc. En segunda instancia tratará las apelaciones y autos dictados por los juzgados de lo Contencioso Administrativo y los recursos de revisión contra las sentencias firmes de estos juzgados; las cuestiones de competencia entre los distintos juzgados de lo Contencioso-Administrativo; los recursos de casación para la unificación de la ley en materia contencioso-administrativa, etc.

3) La sala de lo Social verá, en única instancia, los procesos sobre los intereses de los trabajadores y empresarios; los recursos contra las

resoluciones de los juzgados de lo Social de la comunidad autónoma y de lo Mercantil en materia laboral, etc.

5.2.13. Las Audiencias Provinciales

En cada capital de provincia española existe una Audiencia Provincial, con jurisdicción en toda la provincia. Está compuesta, normalmente, por un presidente y dos o más magistrados y conocen temas tanto de orden civil como de orden penal (Ley Orgánica 6/1985).

En el orden civil tratan los recursos contra las sentencias de los juzgados de Primera Instancia; los recursos contra las sentencias en primera instancia en materia civil de los juzgados de Violencia sobre la Mujer provinciales y los recursos sobre las resoluciones de los juzgados de lo Mercantil; etc. (*ibidem*).

En el orden penal dirimen las causas por delito de las que sean competentes; los recursos contra las sentencias de los juzgados de Instrucción y de lo Penal provinciales; los recursos contra las sentencias en materia penal de los juzgados de Violencia sobre la Mujer provinciales y los recursos sobre las resoluciones de los juzgados de Menores provinciales; los recursos contra las resoluciones de los juzgados de Vigilancia Penitenciaria y los procedimientos de decomiso autónomo para los que sean competentes (Ley Orgánica 6/1985).

5.2.13.1. El Tribunal del Jurado

En el ámbito de las Audiencias Provinciales hay causas que pueden juzgarse con un jurado, lo que se denomina «Tribunal del Jurado» (Poder Judicial, 2002) y se conoce como «jurado popular». Está compuesto por el magistrado, que hace las veces de presidente, y por un total de once ciudados, de los que nueve son titulares y dos son suplentes. Los delitos que puede ver el Tribunal del Jurado en una Audiencia Provincial son (Ley Orgánica 5/1995):

a) Delitos contra las personas.
b) Delitos cometidos por funcionarios públicos en ejercicio de su cargo.
c) Delitos contra el honor.
d) Delitos contra la libertad y la seguridad.

Para poder formar parte de un jurado popular hay que cumplir una serie de requisitos (Poder Judicial, 2022):

a) Tener nacionalidad española y ser mayor de edad.
b) Saber leer y escribir.
c) Ejercer plenamente los derechos políticos.
d) Estar empadronado en el municipio donde se haya cometido el delito en el momento de ser designado miembro del jurado.
e) No presentar ningún impedimento físico, psíquico o sensorial que impida realizar las tareas de jurado.

Ejercer como jurado es una tarea de carácter público y personal inexcusable y, para que no suponga una carga a quien la ejerce, se recibe una retribución y una indemnización por los gastos incurridos. Esta retribución, según el Real Decreto 385/1996, es de 67 euros al día.

Existen, no obstante, algunos eximentes para no formar parte de un jurado popular:

a) Tener más de 65 años.
b) Haber ejercicio como jurado en los últimos 4 años.
c) Tener importantes cargas familiares.
d) Desempeñar un trabajo relevante de interés general que se viera gravemente afectado al ser sustituido.
e) Vivir en el extranjero.
f) Ser militar profesional en activo.
g) Otras circunstancias relevantes personales, familiares y profesionales.

5.3. Asistencia jurídica gratuita

Todos los ciudadanos deben poder recurrir a la justicia en caso de necesitarlo y, de esta forma, el artículo 119 de la Constitución Española (1978) recoge que la justicia será gratuita en los casos en que así lo establezca la legislación y para aquellas personas que demuestren no tener recursos suficientes. Así pues, quedarían exentos del pago a abogado y procurador, así como los gastos derivados de los posibles peritajes, tasas judiciales, etc. (Ministerio de Justicia, 2022). Concretamente, el Ministerio de Justicia (*ibidem*) establece que la gratuidad de la justicia se aplicará para las siguientes prestaciones:

- Asesoramiento y orientación gratuitos con carácter previo al inicio del proceso.
- Asistencia de abogado al detenido o preso.
- Defensa y representación gratuitas por abogado y procurador en el procedimiento judicial.
- Inserción gratuita de anuncios o edictos, en el curso del proceso, que preceptivamente deban publicarse en periódicos oficiales.
- Exención de tasas judiciales, así como del pago de depósitos para la interposición de recursos.
- Asistencia pericial gratuita en los términos establecidos en la ley.
- Obtención gratuita de copias, testimonios, instrumentos y actas notariales.
- Reducción del 80 % de los derechos arancelarios que correspondan por determinadas actuaciones notariales.
- Reducción del 80 % de los derechos arancelarios que correspondan por determinadas actuaciones de los registros de la propiedad y mercantil.

Los beneficiarios de la justicia gratuita no deben tener un patrimonio suficiente para litigar ni tener unos recursos e ingresos brutos que superen el umbral del IPREM fijado en función de su unidad familiar, tal y como establece el artículo 3 de la Ley 1/1996, de 10 de enero de asistencia jurídica gratuita. Para el Ministerio de Hacienda y Función Pública (2022) la unidad familiar está formada, en caso de existir matrimonio, por 1) los cónyuges, siempre que no estén separados legalmente, 2) los hijos menores que convivan con los padres y 3) los hijos mayores de edad que presenten una incapacidad reconocida judicialmente. En caso de aquellas parejas que no estén casadas o en caso de existir una sepación legal, la unidad familiar reconocida a efectos jurídicos es la que está integrada por 1) el padre o la madre y 2) todos los hijos que convivan con el padre o la madre que sean menores de edad y que sean mayores de edad pero presenten una discapacidad reconocida judicialmente. En caso de sufrir algún tipo de alteración de la unidad familiar, la composición que se utiliza a efectos legales es la existente a fecha 31 de diciembre de cada año.

Por su parte, el IPREM (IPREM, 2022) es el Indicador Público de Renta de Efectos Múltiples. Es la referencia que se utiliza en España desde el año 2004 para conceder ayudas, subvenciones o el subsidio de desempleo y, en lo que se refiere a la gratuidad de la justicia, no se puede sobrepasar su umbral para poder acceder a ella. A continuación se presentan los valores oficiales del IPREM de 2022:

- IPREM diario: 19,30 €
- IPREM mensual: 579,02 €
- IPREM anual - 12 pagas: 6.948,24 €
- IPREM anual - 14 pagas: 8.106,28 €

Según lo dispuesto por la ley (Ministerio de Justicia, 2022), las personas que no estén integradas en ninguna unidad familiar y que soliciten justicia gratuita no pueden tener unos ingresos brutos que superen el doble del IPREM. En el caso de personas integradas en una unidad familiar de tres miembros, el umbral sería 2,5 veces el IPREM y para las personas integradas en una unidad familiar de cuatro miembros o más sería 3 veces el IPREM (IPREM, 2022).

Según el Ministerio de Justicia (2022), podrán solicitar la gratuidad de la justicia en España los ciudadanos españoles, los ciudadanos de otros países de la Unión Europea y extranjeros residentes en España si acreditan no tener suficientes recursos para litigar según lo establecido en los apartados anteriores, pero también podrían acogerse a la justicia gratuita:

- Las entidades gestoras y los servicios comunes de la Seguridad Social.
- Las fundaciones inscritas en el registro y las asociaciones que demuestren que no tienen recursos suficientes para iniciar un proceso judicial.
- Las víctimas de violencia de género, de trata de seres humanos y de terrorismo, independientemente de si disponen o no de recursos para litigar.
- Menores de edad y personas con discapacidad psíquica víctimas de abusos o malos tratos.
- Víctimas de accidentes que inicien un litigio reclamando una indemnización por los daños sufridos cuando debido a ese accidente no puedan llevar a cabo ninguna labor profesional y necesiten de otras personas para realizar las tareas cotidianas, independientemente de si disponen o no de recursos para litigar.

5.3.1. Procedimiento de solicitud de justicia gratuita

La Ley 1/1996 establece la creación de la Comisión de Asistencia Jurídica Gratuita como órgano responsable de reconocer el derecho a la justicia gratuita. Existe una Comisión en cada capital de provincia que depende de la comunidad autónoma y que está integrada por el Decano del Colegio de Abogados y el del Colegio de Procuradores y por dos miembros designados por las Administraciones públicas de las que dependen. Asimismo se crea la Comisión Central de Asistencia Jurídica Gratuita, compuesta por los Decanos del Colegio de Abogados y del Colegio de Procuradores de Madrid, un abogado del Estado y un funcionario del Ministerio de Justicia, cada uno de ellos al frente de la presidencia de la Comisión por un periodo de seis meses.

Para poder optar a recibir las prestaciones necesarias gratuitamente, el interesado deberá cumplimentar una solicitud que puede descargarse de la página web del Ministerio de Justicia (donde puede comprobar, además, si cumple o no los requisitos necesarios) o pedirla en los Servicios de Orientación Jurídica de los Colegios de Abogados, las Comisiones de Asistencia Jurídica Gratuita o cualquier dependencia judicial. Esta solicitud se debe presentar en los servicios de orientación jurídica del Colegio de Abogados donde esté el juzgado o tribunal que deba tratar el proceso o en el juzgado que le corresponda al interesado en función de su domicilio de no haber comenzado el proceso. Los datos necesarios para iniciar la tramitación son los siguientes (Ministerio de Justicia, 2022):

- Nombre y apellidos.
- Número de DNI.
- Lugar y medio preferente a efectos de notificaciones.
- Fecha de la solicitud.
- Datos personales del cónyuge.
- Identificación de los familiares que convivan con el solicitante.
- Datos acreditativos de la situación económica del interesado y su unidad familiar (ingresos, propiedades...).
- Circunstancias personales y familiares (estado de salud, obligaciones económicas...).
- Pretensión que se quiere hacer valer ante los tribunales y fase procesal en que se encuentra.

- Identificación de la parte o partes contrarias en el litigio, si las hubiere.

El Ministerio de Justicia facilita una lista de documentos que quizá deba aportar el interesado, en función de los datos indicados en la solicitud y su situación personal (*ibidem*):

- Fotocopia del DNI, pasaporte o tarjeta de residencia del solicitante.
- Certificado de liquidación del IRPF e Impuesto sobre el Patrimonio (de toda la unidad familiar).
- Certificado de liquidación del Impuesto sobre Sociedades (en el caso de personas jurídicas).
- Fotocopia de la declaración de utilidad pública o de la inscripción en el Registro de Fundaciones (en el caso de personas jurídicas).
- Fotocopia del permiso de circulación o certificado de la Jefatura Provincial de Tráfico (solo en caso de delitos contra la seguridad del tráfico).
- Certificado de signos externos del Ayuntamiento donde radica el domicilio.
- Fotocopia del libro de familia.
- Certificado de empadronamiento.
- Certificado de empresa de conceptos salariales.
- Certificado del INEM de periodo de desempleo y percepción de subsidios.
- Fotocopia del contrato de arrendamiento de la vivienda habitual, o, en su caso, copia del recibo mensual.
- Fotocopias de títulos de propiedad de bienes inmuebles. Certificado de valores.
- Otros (cualquier documento que sirva para acreditar los datos alegados).

A continuación presentamos a modo de ejemplo la solicitud de asistencia jurídica gratuita de la Comunidad de Madrid (2022):

1.- DATOS DEL/ DE LA DECLARANTE

NOMBRE		APELLIDOS		ENTIDAD (si el solicitante es persona jurídica)
NIF/NIE/CIF			FECHA DE LA ENTIDAD	
NACIONALIDAD		EDAD	SITUACIÓN PERSONAL ☐ soltero/a ☐ casado/a ☐ unión de hecho ☐ viudo/a ☐ separado/a ☐ divorciado/a	
PROFESIÓN			RÉGIMEN ECONÓMICO (del matrimonio o de la unión de hecho) ☐ gananciales ☐ separación de bienes ☐ otro	
DOMICILIO (calle, número y piso)			USO: ☐ propiedad ☐ alquiler ☐ otro:............	MUNICIPIO	PROVINCIA
CÓDIGO POSTAL		TELÉFONO	fijo: móvil: fax:	
CÓNYUGE: NOMBRE Y APELLIDOS			NIF / T. RESIDENCIA (NIE)	PROFESIÓN

FAMILIARES QUE CONVIVEN CON EL/ LA DECLARANTE

Nombre y Apellidos	Parentesco	Edad (hijos)
....	....	....
....	....	....
....	....	....

2.- DATOS ECONÓMICOS

INGRESOS ANUALES DE LA UNIDAD FAMILIAR

Declarante / Cónyuge / Hijos / Otros	Importe bruto	Concepto (salario, subsidios,...)	Retención judicial
....	....	....	....
....	....	....	....
....	....	....	....

PROPIEDADES INMUEBLES

Descripción (piso, local,...)	Lugar (calle,...)	Uso (vivienda, negocio,...)	Valoración	Cargas (hipotecas,...)
....	....	....	....	....
....	....	....	....	....

CUENTAS CORRIENTES O DE AHORRRO		OTROS PRODUCTOS FINANCIEROS	
Entidad	Saldo	Producto (letras, bonos,...)	Importe
....	....	....	....
....	....	....	....
....	....	....	....

OTRAS PROPIEDADES MUEBLES

Concepto (vehículos...)	Matrícula (vehículos)	Año adquisición	Valoración
....	....	....	....
....	....	....	....

3.- DATOS DEL PROCEDIMIENTO JUDICIAL

El declarante es ☐ demandante/actor ☐ demandado/denunciado ☐ otro:.................................	TIPO DE PROCEDIMIENTO

OBJETO Y PRETENSIÓN (Descripción del objeto del procedimiento o judicial y de la pretensión que se desea ejercitar): ....

Nº PROCEDIMIENTO	ÓRGANO JUDICIAL	SITUACIÓN DEL PROCEDIMIENTO ☐ iniciado ☐ sentenciado ☐ ejecución de sentencia

PARTE/S CONTRARIA/S		
	Apellidos y Nombre/ Denominación	Domicilio ....

4. DECLARACIÓN RESPONSABLE Y SOLICITUD

DECLARO bajo mi total y expresa responsabilidad que son **ciertos y completos todos los datos** que figuran en esta solicitud, así como en la documentación que se acompaña, y que pretendo litigar sólo por **derechos propios**. También **declaro saber con precisión y aceptar que**:

1) Esta solicitud **no suspende** por sí misma el curso del proceso y que, por tanto, deberé solicitar personalmente al órgano judicial la suspensión del transcurso de cualquier plazo que pudiera provocarme indefensión o preclusión del trámite.

2) Mis datos de carácter personal, que suministro al presentar esta solicitud, serán incluidos en un **fichero automatizado** y tratados conforme a lo previsto en el nuevo Reglamento Europeo (UE) 2016/679 de Protección de Datos, a los efectos del reconocimiento del derecho, siendo destinataria de la información la Comisión de Asistencia Jurídica Gratuita de la Comunidad de Madrid y la Consejería competente en materia de justicia, órganos a los que **autorizo a recabar mis datos personales** de cuantos ficheros de titularidad pública se hallen, con la finalidad de comprobar la certeza de los datos contenidos en esta solicitud así como para averiguar la existencia de cualquier otro ingreso o bien determinantes de mi verdadera situación patrimonial.

3) En el caso de que la Comisión de Asistencia Jurídica Gratuita deniegue la solicitud que formulo, **me corresponderá abonar** los honorarios y derechos económicos que deriven de la intervención de los profesionales designados previamente a la resolución de mi pretensión.

4) La declaración errónea, falsa o con ocultación de datos relevantes supondrá la **revocación** del reconocimiento del derecho; en tal caso, vendré obligado a pagar las prestaciones que haya obtenido, además de quedar sujeto a las responsabilidades que se me puedan exigir.

Conociendo todo lo anterior, **SOLICITO** que se me reconozca el derecho a la asistencia jurídica gratuita en:

....

EL / LA SOLICITANTE

(lugar y fecha)

Fdo.:

5. – DOCUMENTACIÓN A APORTAR

☐ Fotocopia del DNI o del Pasaporte los ciudadanos de la Unión Europea.
☐ Fotocopia del Pasaporte o Tarjeta de Residencia (NIE), los extranjeros.
☐ Fotocopia del Libro de Familia o del certificado registral de uniones de hecho.
☐ 4 nóminas últimas.
☐ Certificado de empresa que acredite los ingresos brutos anuales.
☐ Certificado del INEM en el que conste la situación de desempleo o percepción de ayuda y periodo al que se extiende.
☐ Declaración de utilidad pública (Asociaciones) o inscripción registral (Fundaciones).
☐ Declaración impositiva anual de la unidad familiar (IRPF y, en su caso, Patrimonio) o de la persona
☐ jurídica (Impuesto sobre Sociedades), correspondiente al último ejercicio.

Asistencia jurídica gratuita

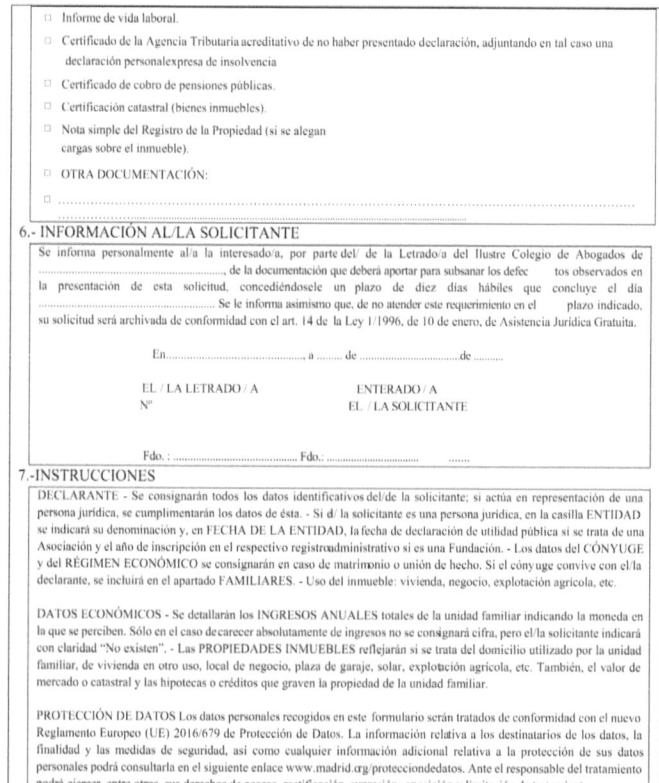

Gráfico 9: Modelo de solicitud de asistencia jurídica gratuita. (Fuente: Comunidad de Madrid, 2022)

Una vez presentada la solicitud, el interesado contará con un plazo de 10 días hábiles para subsanar cualquier defecto o deficiencia encontrada por el Colegio de Abogados y en un plazo máximo de 15 desde la presentación de la solicitud o la subsanación del defecto, el Colegio le asignará un abogado provisional y pedirá al Colegio de Procuradores que asignen uno, si fuera necesario, en un plazo máximo de tres días (Ministerio de Justicia, 2022.) Según el artículo 32 de la Ley 1/1996 de asistencia jurídica gratuita, el abogado asignado estudiará el caso y si considera que la pretensión del interesado resulta insostenible se lo comunicará a la Comisión de

Asistencia Jurídica Gratuita en un plazo de 15 días desde su designación. Es lo que se denomina «insostenibilidad de la pretensión». La Comisión pedirá un dictamen al Colegio de Abogados y si su dictamen coincide con el del abogado solicitará un informe al Ministerio Fiscal. Si estos últimos coinciden, la Comisión de Asistencia Jurídica Gratuita resolverá que existe una insostenibilidad de la pretensión y esta resolución no es recurrible.

Por el contrario, si la Comisión revisa la documentación aportada por el abogado sobre la insostenibilidad de la pretensión y pide un dictamen al Colegio de Abogados que se manifiesta en contra de dicha sostenibilidad o lo hace el Ministerio Fiscal, el Colegio nombrará a un nuevo abogado.

5.4. La interpretación en los procesos penales

La Unión Europea, con el objetivo de velar por la garantía procesal de cualquier imputado, publicó la Directiva 2010/64/UE del Parlamento Europeo y del Consejo de 20 de octubre de 2010 relativa al derecho a interpretación y traducción en los procesos penales, transpuesta a la legislación nacional española en virtud de la Ley Orgánica 5/2015, de 27 de abril, por la que se modifican la Ley Orgánica 5/2015, de 27 de abril, por la que se modifican la Ley de Enjuiciamiento Criminal y la Ley Orgánica 6/1985, de 1 de julio, del Poder Judicial, para transponer la Directiva 2010/64/UE, de 20 de octubre de 2010, relativa al derecho a interpretación y a traducción en los procesos penales y la Directiva 2012/13/UE, de 22 de mayo de 2012, relativa al derecho a la información en los procesos penales.

Según la Directiva 2010/64/UE, en su artículo 2 «Derecho a interpretación»:

1) Los Estados miembros velarán por que todo sospechoso o acusado que no hable o entienda la lengua del proceso penal se beneficie sin demora de interpretación en el transcurso del proceso penal ante las autoridades de la investigación y judiciales, incluido durante el interrogatorio policial, en todas las vistas judiciales y las audiencias intermedias que sean necesarias.

2) Los Estados miembros garantizarán que, en caso necesario y con miras a salvaguardar la equidad del proceso, se facilite un servicio de interpretación para la comunicación entre el sospechoso o acusado y su abogado en relación directa con cualquier interrogatorio o toma de

declaración durante el proceso, o con la presentación de un recurso u otras solicitudes procesales.

3) El derecho a interpretación en virtud de los apartados 1 y 2 incluye la asistencia a personas con limitaciones auditivas o de expresión oral.

4) Los Estados miembros velarán por que se establezca un procedimiento o mecanismo para determinar si el sospechoso o acusado habla y entiende la lengua del proceso penal y si requiere la asistencia de un intérprete.

5) Los Estados miembros velarán por que, con arreglo a los procedimientos previstos por el derecho nacional, el sospechoso o acusado tenga derecho a recurrir la decisión según la cual no es necesaria la interpretación y, cuando se haya facilitado la interpretación, la posibilidad de presentar una reclamación porque la calidad de la interpretación no es suficiente para salvaguardar la equidad del proceso.

6) Se permitirá, cuando proceda, el uso de tecnologías de la comunicación como la videoconferencia, el teléfono o internet, salvo cuando se requiera la presencia física del intérprete con miras a salvaguardar le equidad del proceso.

7) En los procedimientos correspondientes a la ejecución de una orden de detención europea, el Estado miembro de ejecución velará por que sus autoridades competentes faciliten interpretación con arreglo al presente artículo a toda persona sujeta a dichos procedimientos y que no hable o entienda la lengua del procedimiento.

8) La interpretación facilitada con arreglo al presente artículo tendrá una calidad suficiente para salvaguardar la equidad del proceso, garantizando en particular que el sospechoso o acusado en un proceso penal tenga conocimiento de los cargos que se le imputan y esté en condiciones de ejercer el derecho a la defensa.

Asimismo, los costes de interpretación y de traducción de documentos recaerán en los Estados miembros quienes, además, serán los responsables de adoptar medidas que garanticen que tanto la interpretación como la traducción son de calidad y, para ello, deben establecer al menos un registro de traductores e intérpretes independientes y debidamente cualificados al que tengan acceso los abogados y las autoridades pertinentes (Directiva 2010/64/UE).

5.5. Propuesta de actividades formativas

El entorno de los juzgados y de los tribunales de justicia presenta unas características muy específicas dado que son muchas las personas que participan en el proceso comunicativo. A este respecto, y desde el punto de vista de la formación, sugerimos la recreación de un proceso judicial circunscrito a un juzgado, tribunal o audiencia específicamente. De esta forma no solo se cubre la práctica de la interpretación sino que, dado que el lenguaje jurídico es inflexible en muchos casos, los estudiantes tendrán la posibilidad de activarlo en sus lenguas de trabajo y utilizarlo de forma precisa si dentro de este método del caso desempeñan el papel del juez, el fiscal, el abogado, el forense, etc.

Igualmente, con las entrevistas previas ficticias que pueden llevarse a cabo entre el abogado y el acusado o los testigos con asistencia del intérprete se puede trabajar también la confidencialidad y la imparcialidad.

En cuanto a la formación en traducción a la vista, proponemos la traducción de los siguientes documentos:

- sentencias
- citaciones
- informes periciales
- recursos
- solicitud de asistencia jurídica gratuita

6. Contexto de interpretación: inmigración y protección internacional

6.1. Definiciones importantes en materia de migración

Existen conceptos que es preciso diferenciar correctamente para describir la realidad de una persona en el marco de la migración, a saber: migrante, desplazado, solicitante de asilo, refugiado, asilado, protección subsidiaria y protección internacional.

Un migrante es una persona que decide abandonar su país de origen en busca de unas mejores condiciones de vida y oportunidades educativas o laborales (ACNUR, 2016). Por lo tanto, los factores demográficos y económicos serían sus factores de empuje y atracción.

Por su parte, un desplazado es una persona que se ha visto obligada a irse de su lugar de residencia, normalmente por un conflicto armado, violencia o violaciones de los derechos humanos, pero no ha salido de las fronteras de su país (ACNUR, 2022). Según el Observatorio sobre el Desplazamiento Interno del Consejo Noruego para Refugiados (IDCM), a finales de 2021 había 59,1 millones de personas desplazadas, 53,2 millones debido a conflictos y violencia (factores de empuje sociopolíticos) y 5,9 millones debido a desastres naturales (factores de empuje medioambientales) .

La Convención de Ginebra sobre el Estatuto de los Refugiados (1951), en su capítulo I, artículo 1, establece que el término «refugiado» hace referencia a aquella persona «que, debido a fundados temores de ser perseguida por motivos de raza, religión, nacionalidad, pertenencia a determinado grupo social u opiniones políticas, se encuentre fuera del país de su nacionalidad y no pueda o, a causa de dichos temores, no quiera acogerse a la protección de tal país; o que, careciendo de nacionalidad y hallándose, a consecuencia de tales acontecimientos, fuera del país donde antes tuviera su residencia habitual, no pueda o, a causa de dichos temores, no quiera regresar a él». Encontramos, por tanto, en esta definición, factores de arrastre sociopolíticos.

Asimismo, ACNUR (2022a) define a los solicitantes de asilo como aquellas personas que solicitan que se les reconozca la condición de refugiado pero aún no han tenido una respuesta por parte de la Administración a dicha solicitud.

Acción contra el Hambre (2022a) señala además que, en el caso de España, conviene conocer también el concepto de asilado. Según la legislación española, este término es de aplicación únicamente para solicitudes individuales mientras que la condición de refugiado quedaría establecida cuando es un grupo de personas el que se ha visto obligado a desplazarse por acontecimientos que ponen en riesgo su vida.

Por otro lado, según la Ley 12/2009, de 30 de octubre, reguladora del derecho de asilo y de la protección subsidiaria, a una persona de otro país o apátrida se le concede el derecho a la protección subsidiaria cuando no reúne los requisitos para obtener asilo o ser reconocida como refugiada pero se considera que existen razones fundamentales para pensar que si regresa a su país de origen o a su país de residencia anterior en el caso de los apátridas, correría un riesgo real de sufrir daños y, por este motivo, no quiere acogerse a la protección de ese país en cuestión.

Por último, el término «protección internacional» engloba el derecho de asilo y la protección subsidiaria (Ley 12/2009).

6.2. Presentación de solicitudes de protección internacional

Según el Ministerio del Interior (2016), en caso de estar ya en territorio español, el interesado puede solicitar la protección internacional en la Oficina de Asilo y Refugio (OAR), en cualquier Oficina de Extranjeros, en las Comisarías de Policía autorizadas y en los Centros de Internamiento de Extranjeros (CIE). En este caso tiene un plazo máximo de un mes desde su entrada en España o desde que tuvieron lugar los hechos en los que se apoya su solicitud.

Por el contrario, si no puede entrar en territorio español puede optar por solicitar la protección internacional en el puesto fronterizo (*ibidem*).

Las solicitudes deben presentarse personalmente, salvo en los casos en los que exista alguna imposibilidad física o legal, en los que podrá hacerlo otra persona en representación del interesado. Una vez deje de existir tal impedimento, el solicitante deberá ratificar la petición (Ley 12/2009).

Cuando el interesado realice la solicitud, se le debe informar en la lengua que entienda sobre cómo será el procedimiento; cuáles son sus derechos y obligaciones mientras se tramita la solicitud; sobre la posibilidad de contactar con ACNUR u otras ONG que tengan como objetivo ayudar a las personas que necesiten protección internacional; sobre las consecuencias de incumplir sus obligaciones o no cooperar con las autoridades y los derechos y prestaciones a los que tiene acceso como solicitante de protección internacional (*ibidem*).

La solicitud, en todos los casos, se formaliza con una entrevista personal individual. No obstante, en caso de considerarse necesario para formalizar convenientemente la solicitud, es posible que se pida que participen otros miembros de la familia. En esta entrevista se informará al interesado de cómo realizar la solicitud y se le ayudará a cumplimentarla y a establecer los hechos relevantes para la petición.

A modo de ejemplo presentamos la solicitud de protección internacional de la Dirección General de Política Interior del Ministerio del Interior:

Contexto de interpretación: inmigración y protección

SUBDIRECCIÓN GENERAL DE ASILO
C/ Pradillo, 40
28002 - Madrid - España
TEL: 91 537 21 02
FAX: 91 537 21 41
e-mail: sar@rafugio.mir.es

SUBDIRECCIÓN GENERAL DE ASILO
C/ Pradillo, 40
28002 - Madrid - España
TEL: 91 537 21 02
FAX: 91 537 21 41
e-mail: sar@rafugio.mir.es

SOLICITUD DE PROTECCIÓN INTERNACIONAL

IMPORTANTE
1.- Escribir con **LETRA DE IMPRENTA**, a ser posible con BOLÍGRAFO NEGRO.
2.- Cumplimentar el cuestionario uniforme correspondiente al REGLAMENTO DE DUBLÍN
3.- Remitir **INMEDIATAMENTE** a la Oficina de Asilo y Refugio a los siguientes números de FAX:
 • Solicitudes en **PUESTO FRONTERIZO: 91 537 21 14**.
 • Solicitudes en **OFICINAS DE EXTRANJEROS, COMISARÍAS DE POLICIA, CENTROS DE INTERNAMIENTO O PENITENCIARIOS: 91 537 22 01.**

PRESENTADA EN:

1) Territorio Nacional ☐ : CIE ☐ C. Penitenciario ☐
2) Puesto Fronterizo ☐ Polizón ☐

Dependencia: _____
Dirección: _____
Fax: _____ Teléfono: _____

A las ___ : ___ horas del día ___ de _____ de _____

IDENTIFICACIÓN DEL / DE LA SOLICITANTE

PRIMER APELLIDO: _____
NOMBRE: _____
SEGUNDO APELLIDO: _____

Fecha de nacimiento: _____ Localidad: _____
País: _____ Nacionalidad de origen: _____
Nacionalidad actual: _____

Sexo: Hombre ☐ Mujer ☐

INFORMACIÓN DE DERECHOS, OBLIGACIONES Y ASISTENCIAS SOLICITADAS.

DILIGENCIA: Para hacer constar que se procede a informar a D/D^a _____, de nacionalidad _____, de que como solicitante de protección internacional y hasta tanto se haya decidido sobre su solicitud, disfruta de los siguientes **DERECHOS**:

1.- A la suspensión de cualquier proceso de devolución, expulsión o extradición, salvo los supuestos dimanantes de una orden europea de detención y entrega o de Tribunales Penales Internacionales
2.- A que se comunique al Alto Comisionado de las Naciones Unidas para los Refugiados (ACNUR) la solicitud de protección internacional
3.- A disponer de asistencia de abogado para la formalización de la solicitud y durante toda la tramitación del procedimiento, que se proporcionará gratuitamente por el Estado español cuando se carezca de recursos económicos suficientes
4.- A disponer de asistencia de intérprete, si lo precisara.
5.- A la atención sanitaria en caso de necesidad
6.- A la documentación como solicitante de protección internacional
7.- A conocer el contenido del expediente en cualquier momento

Asimismo, se procede a hacer saber al/a la interesado/a que, como solicitante de protección internacional, debe cumplir las siguientes **OBLIGACIONES**:

1.- Colaborar plenamente con las autoridades españolas para la acreditación y comprobación de su identidad diciendo la verdad sobre su identidad, presentando los documentos de identidad que tenga o, en su caso, justificando su falta y explicando de forma detallada los motivos por los que solicita protección internacional
2.- Presentar, lo antes posible, todos los elementos en que apoyan su solicitud
3.- Informar o comparecer ante las autoridades cuando sea requerido en relación con su solicitud, renovación de documentos, etc.
4.- Informar sobre cualquier cambio de domicilio.
5.- Proporcionar las impresiones dactilares

Esta información se completa con la proporcionada en el folleto informativo sobre la protección internacional en España

ASISTENCIAS SOLICITADAS	SÍ	NO
Asistencia de abogado		
Asistencia gratuita	☐	
Abogado de su elección		
Asistencia de intérprete		
Entrega de folleto informativo	☐	☐

En _____, a ___ de _____ de ___

El/La solicitante   El/La intérprete   El/La abogado/a   El/La funcionario/a

Presentación de solicitudes de protección internacional 103

SITUACIÓN FAMILIAR Y SOCIOPROFESIONAL DEL / DE LA SOLICITANTE:

A) ESTADO CIVIL DEL/ DE LA SOLICITANTE:

Soltero/a ☐ Casado/a ☐ Conviviente ☐ Separado/a ☐ Divorciado/a ☐ Viudo/a ☐

Número de hijos del/ de la solicitante: _____   Número de cónyuges del/ de la solicitante: _____

¿Presenta documentación acreditativa del estado civil o situación de hecho? SI ☐ NO ☐
¿Cuál? _____

B) UNIDAD FAMILIAR:

EXT.	PARENTESCO	NOMBRE Y APELLIDOS	FECHA / LUGAR DE NACIMIENTO	NACIONALIDAD/ PAÍS DE RESIDENCIA
	PADRE			
	MADRE			
	CÓNYUGE / CONVIVIENTE			
	HIJO / A			
	HIJO / A			
	HIJO / A			
	HIJO / A			
	HIJO / A			
	OTROS *			

* Excepcionalmente, si viene acompañado de un menor que dependa del / de la solicitante.

El/ la solicitante puede hacer extensiva su solicitud a alguno de los familiares mencionados, siempre y cuando le acompañen y se trate de su cónyuge o conviviente, hijo/a menor de edad, incluido el/ la menor dependiente, o ascendiente dependiente del /de la solicitante.
Si así fuera, marque con una cruz el familiar correspondiente y rellene una solicitud de extensión familiar para cada uno de ellos/ ellas.

C) OTROS DATOS SOBRE EL ÁMBITO FAMILIAR:

Familiares que le acompañan y también solicitan protección internacional *(EXCEPTUANDO LAS SOLICITUDES DE EXTENSIÓN)*
_____
_____
_____

Miembros de su familia que residan en España o en otros países de la U. E.
_____
_____
_____

Domicilio del/ de la solicitante en su país de origen
Calle, Barrio: _____
Ciudad: _____ Departamento, Provincia o Estado: _____

Domicilio de sus familiares *(especificar el parentesco)*
Calle, Barrio: _____
Ciudad: _____ Departamento, Provincia o Estado: _____

Última fecha de contacto con sus familiares: *(especificar el parentesco)*
_____

D) SITUACIÓN SOCIO-PROFESIONAL

Lengua materna del/ de la solicitante: _____

¿Habla otras lenguas?: SI ☐ NO ☐
¿Cuáles?: _____

Nivel de estudios del/ de la solicitante:

Analfabeto ☐ Estudios primarios ☐ Estudios secundarios ☐ Est. universitarios ☐ Sin determinar ☐

Especificación de los estudios: _____
Profesión u ocupación del/ de la solicitante: _____

Construcción ☐ Industria ☐ Sector FAO * ☐ Servicios ☐ Sin Profesión ☐
* *Agricultura, ganadería, pesca...*

104 Contexto de interpretación: inmigración y protección

DOCUMENTACIÓN PERSONAL DEL / DE LA SOLICITANTE:

PASAPORTE: ☐

Número: _____ | Tipo de pasaporte:
País expedidor: _____ | Ordinario ☐ Diplomático ☐ Otros ☐
Lugar de expedición: _____ | OBSERVACIONES: _____
Fecha de expedición: _____
Fecha de caducidad: _____

VISADO: ☐

Para España ☐ | Para otro país ☐
 | ¿Cuál? _____
Tipo de visado: _____ | Tipo de visado: _____
País expedidor: _____ | País expedidor: _____
Lugar de expedición: _____ | Lugar de expedición: _____
Fecha de expedición: _____ | Fecha de expedición: _____
Fecha de caducidad: _____ | Fecha de caducidad: _____

TARJETA DE IDENTIDAD: ☐

Número: _____ | OBSERVACIONES: _____
País de expedición: _____
Lugar de expedición: _____
Fecha de expedición: _____
Fecha de caducidad: _____

OTRA DOCUMENTACIÓN: ☐

Especificar: _____

SIN DOCUMENTAR: ☐

Motivos: _____

ITINERARIO RECORRIDO:

A) SALIDA DEL PAÍS DE ORIGEN:

Lugar y fecha de salida de su país: _____
Medio de transporte empleado: _____

B) PAÍSES DE TRÁNSITO ANTES DE LLEGAR A ESPAÑA:

País: (1) _____ | País: (4) _____
Fecha y lugar de entrada: _____ | Fecha y lugar de entrada: _____
Fecha y lugar de salida: _____ | Fecha y lugar de salida: _____
Medio de transporte empleado: _____ | Medio de transporte empleado: _____

País: (2) _____ | País: (5) _____
Fecha y lugar de entrada: _____ | Fecha y lugar de entrada: _____
Fecha y lugar de salida: _____ | Fecha y lugar de salida: _____
Medio de transporte empleado: _____ | Medio de transporte empleado: _____

País: (3) _____ | País: (6) _____
Fecha y lugar de entrada: _____ | Fecha y lugar de entrada: _____
Fecha y lugar de salida: _____ | Fecha y lugar de salida: _____
Medio de transporte empleado: _____ | Medio de transporte empleado: _____

Otros tránsitos: _____

C) ENTRADA EN ESPAÑA:

Fecha y lugar de entrada: _____
Entrada autorizada: SÍ ☐   NO ☐
Tipo de frontera: Aérea: ☐   Marítima: ☐   Terrestre: ☐   Desconocida: ☐

Presentación de solicitudes de protección internacional

OTROS DATOS DE INTERÉS:

A) ESTANCIAS EN OTROS PAÍSES:
Viajes o estancias en otros países con anterioridad a este último desplazamiento

País	Año	Duración estancia	Motivo

B) SOLICITUDES DE PROTECCIÓN INTERNACIONAL ANTERIORES:

¿Ha solicitado con anterioridad protección internacional en España o en otro país? SÍ ☐ NO ☐
País: _____ Fecha de la solicitud: _____
¿Ante quién lo solicitó?: _____
Decisión y fecha de la misma: _____
¿Dispone de alguna documentación que lo acredite? SÍ ☐ NO ☐
¿Cuál?: _____

C) DOMICILIO DEL/ DE LA SOLICITANTE EN ESPAÑA (sólo para peticiones en territorio nacional)

ADVERTENCIA: Este domicilio será al que se le efectúen las notificaciones durante la tramitación del procedimiento, siendo su obligación comunicar de manera inmediata cualquier cambio que se produzca en el mismo.

Calle: _____ N° ___ Piso ___ Puerta ___
Ciudad: _____ Provincia: _____ C. Postal ___
Teléfono: _____

D) OTRAS OBSERVACIONES:
_____
_____
_____

DATOS SOBRE PERTENENCIA A GRUPOS, PARTIDOS POLÍTICOS U OTRAS ORGANIZACIONES:

¿Pertenece el/la solicitante, o ha pertenecido, a alguno de los siguientes grupos?

A) **GRUPO ÉTNICO**: SÍ ☐ NO ☐
¿Cuál?: *(Indicar siglas y nombre completo)*
_____

B) **GRUPO RELIGIOSO**: SÍ ☐ NO ☐
¿Cuál?: *(Indicar siglas y nombre completo)*
_____

C) **GRUPO SOCIAL RELACIONADO CON LA PERSECUCIÓN ALEGADA (PROFESIÓN, GÉNERO, ORIENTACIÓN SEXUAL ...):** SÍ ☐ NO ☐
¿Cuál?: *(Indicar siglas y nombre completo)*
_____

D) **PARTIDO POLÍTICO, SINDICATO, ONG ...:** SÍ ☐ NO ☐
¿Cuál?: *(Indicar siglas y nombre completo)*
_____

Características: *(objetivos, ideología, etc.)*: _____
_____
_____

Ubicación: _____

Nombre de los dirigentes o líderes en el ámbito nacional y local: _____

Cargos, posición y/o responsabilidades que tiene o ha tenido: _____

MOTIVOS EN LOS QUE FUNDAMENTA SU SOLICITUD:
*(Utilizar adicionalmente los folios en blanco necesarios para recoger las alegaciones del/ de la solicitante.
Escribir sólo por una cara y numerarlos correlativamente comenzando por la página 10
No olvidar paginar la hoja de documentación de apoyo y la última hoja de firmas con los números correspondientes)*

DOCUMENTACIÓN EN APOYO DE SUS ALEGACIONES:

¿Aporta el/ la solicitante alguna documentación en apoyo a sus declaraciones? SÍ ☐ NO ☐

En caso afirmativo, escriba en las casillas correspondientes el número de documentos.
(Si el/ la solicitante presenta más de 13 documentos no se cumplimentará el siguiente cuadro, bastará con constar el *número de páginas* y consignarlo en el siguiente recuadro ☐

Tipo	N° Originales	N° Fotocopias
Certificados de vida y estado *(documentos registrales, notariales, judiciales, etc. de nacimientos, matrimonios, divorcio, defunción ...)*		
Documentos académicos o profesionales *(títulos, publicaciones, contratos, etc.)*		
Documentos dirigidos por el/ la solicitante a sus autoridades, organizaciones internacionales, ONG's, etc. *(denuncias, peticiones, cartas, etc.)*		
Documentos emitidos por las autoridades del/ de la solicitante, y/o por otros agentes de persecución *(sentencias, citaciones, convocatorias, amenazas, prensa, comunicados, etc.)*		
Certificados e informes médicos *(enfermedad, incapacidad, defunción, etc.)*		
Documentos relativos a militancia política, sindical, en defensa de los derechos humanos, ... *(carnets, certificados, cartas, etc.)*		
Documentos relativos a pertenencia a grupos religiosos *(carnets, recibos de cuotas, certificados, etc.)*		
Documentos relativos a pertenencia a otros grupos u organizaciones, tales como asociaciones culturales, sociales, deportivas, recreativas, etc.		
Publicaciones, libros, recortes de prensa, etc.		
Documentos audiovisuales o electrónicos *(fotos, cd, dvd, vídeos, ficheros de audio, etc.)*		
Documentos en otro soporte o formato *(camisetas, pancartas, monedas, etc.)*		
Otros *(especificar)* _____		

En caso negativo, razones por las que no la aporta: _____
_____

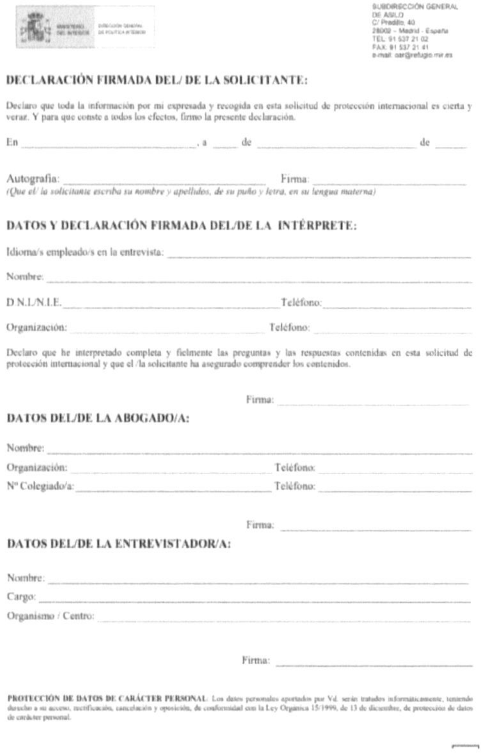

SUBDIRECCIÓN GENERAL
DE ASILO
C/ Pradillo, 40
28002 – Madrid - España
TEL: 91 537 21 02
FAX: 91 537 21 41
e-mail: oar@refugio.mir.es

DECLARACIÓN FIRMADA DEL/ DE LA SOLICITANTE:

Declaro que toda la información por mi expresada y recogida en esta solicitud de protección internacional es cierta y veraz. Y para que conste a todos los efectos, firmo la presente declaración.

En ______________________, a ____ de ______________________ de _____

Autografía: ______________________ Firma: ______________________
(Que el/ la solicitante escriba su nombre y apellidos, de su puño y letra, en su lengua materna)

DATOS Y DECLARACIÓN FIRMADA DEL/DE LA INTÉRPRETE:

Idioma/s empleado/s en la entrevista: ______________________

Nombre: ______________________

D.N.I./N.I.E. ______________________ Teléfono: ______________________

Organización: ______________________ Teléfono: ______________________

Declaro que he interpretado completa y fielmente las preguntas y las respuestas contenidas en esta solicitud de protección internacional y que el /la solicitante ha asegurado comprender los contenidos.

Firma: ______________________

DATOS DEL/DE LA ABOGADO/A:

Nombre: ______________________
Organización: ______________________ Teléfono: ______________________
Nº Colegiado/a: ______________________ Teléfono: ______________________

Firma: ______________________

DATOS DEL/DE LA ENTREVISTADOR/A:

Nombre: ______________________
Cargo: ______________________
Organismo / Centro: ______________________

Firma: ______________________

PROTECCIÓN DE DATOS DE CARÁCTER PERSONAL: Los datos personales aportados por Vd. serán tratados informáticamente, teniendo derecho a su acceso, rectificación, cancelación y oposición, de conformidad con la Ley Orgánica 15/1999, de 13 de diciembre, de protección de datos de carácter personal.

Gráfico 10: Modelo de solicitud de protección internacional (Fuente: Dirección General de Política Interior, s.f.)

6.3. Derechos y obligaciones de los solicitantes

Una vez presentada la solicitud, el interesado no podrá ser expulsado o ser objeto de devolución hasta que se decida si se admite o no dicha solicitud. Mientras se estudia la petición, el solicitante tiene los siguientes derechos (Ministerio del Interior, 2022):

- A quedarse en España salvo que otro país de la Unión Europea o un Tribunal Penal Internacional lo reclame.
- A recibir la documentación que acredita su condición de solicitante de protección internacional.
- A recibir asistencia jurídica, gratuita en caso necesario.

- A disponer de la asistencia de un intérprete que le permita la correcta comprensión de los trámites.
- A que se informe de su solicitud a ACNUR en España.
- A acceder al contenido de su expediente.
- A recibir la atención y las prestaciones sanitarias y sociales que necesite.

Igualmente, deberá cumplir con las siguientes obligaciones (*ibidem*):

- Colaborar con las autoridades españolas.
- Entregar sin demora los documentos que puedan ayudar en la justificación de su solicitud (documentación que acredite su edad, pasado, parientes, identidad, nacionalidad, lugares de residencia anteriores, solicitudes anteriores de protección internacional, rutas y documentos de viaje, documentos de viaje).
- Facilitar sus huellas dactilares, permitir ser fotografiado y que se graben sus declaraciones, con la pertinente información previa.
- Facilitar su domicilio en España y cualquier cambio que pudiera producirse.
- Informar a la autoridad competente o comparecer ante ella, cuando así se solicite por cualquier dato relativo a la solicitud.

6.4. Fase de tramitación

A partir de la presentación de la solicitud en cualquiera de los organismos habilitados para ello en el territorio español (*cf.* 6.2.), la Oficina de Asilo y Refugio deberá hacer una propuesta al Ministerio del Interior y comunicar al interesado en el plazo de un mes si la solicitud se admite o no a trámite. Si transcurrido el tiempo máximo establecido según el artículo 20 de la Ley 12/2009 no se hubiera recibido ninguna notificación denegando la solicitud, se entenderá que su petición ha sido admitida a trámite.

Los motivos por los que una solicitud puede no admitirse a trámite pueden deberse a 1) que España no tenga competencia para examinar la solicitud en virtud de los convenios internacionales ratificados o 2) que el interesado no cumpla los requisitos para recibir protección internacional (Ley 12/2009).

En caso de que la solicitud se haya presentado en un puesto fronterizo o en un Centro de Internamiento para Extranjeros, el plazo para notificar la admisión o no a trámite se reduce a cuatro días (*ibidem*), que pueden extenderse a diez si ACNUR así lo solicita para recabar más información, y el solicitante permanecerá en las instalaciones fronterizas habilitadas para ello o en el Centro de Internamiento para Extranjeros. Dentro de estos plazos, cuando la petición no sea admitida a trámite, el Ministerio del Interior se lo notifica al interesado mediante una resolución motivada en la que expone las causas, que pueden ser (Ley 12/2009):

a) que el interesado exponga cuestiones que no tienen que ver con los requisitos necesarios para solicitar la protección internacional o realice alegaciones contradictorias o inverosímiles.
b) que el solicitante provenga de un país considerado seguro.
c) que la persona que realiza la petición haya cometido un delito contra la paz, un delito de guerra o un delito contra la humanidad o un delito grave con violencia e intimidación o relacionado con el crimen organizado.
d) que sea una persona que constituya un peligro para el país o para la comunidad.
e) que el interesado sea culpable de actos contrarios a los principios y objetivos de las Naciones Unidas.

Una vez notificada la no admisión a trámite, el interesado tiene dos días para solicitar un reexamen y el Ministerio del Interior también dispondrá de dos días para notificar al solicitante su decisión final.

Si no existiera notificación por parte del Ministerio del Interior en los cuatro primeros días tras la presentación de la petición o en los dos días siguientes a la solicitud de reexamen, se entenderá que se procederá a la tramitación de la solicitud por procedimiento ordinario y el interesado podrá entrar y permanecer en territorio español (Ley 12/2009).

Los efectos de no admitir a trámite una solicitud son los mismos que si la solicitud hubiese sido denegada: el retorno, la devolución, la expulsión, la salida obligatoria del territorio o el traslado al país al que le corresponde examinar la petición. No obstante, estas medidas pueden no aplicarse en caso de que se autorice su estancia o su residencia en España por razones humanitarias (*ibidem*).

6.4.1. Solicitudes aceptadas a trámite

La tramitación de las solicitudes la realiza la Oficina de Asilo y Refugio (Ley 12/2009), que depende del Ministerio del Interior, y que está compuesta por un representante de cada uno de los departamentos competentes de política exterior e interior, inmigración, justicia, acogida de los solicitantes de asilo e igualdad.

La Oficina de Asilo y Refugio estudiará la solicitud, instruirá el expediente y lo someterá a la consideración de la Comisión Interministerial de Asilo y Refugio, quien hará una propuesta al ministro del Interior para que conceda o deniegue el asilo o la protección subsidiaria, según corresponda. Si pasan seis meses desde la presentación de la solicitud y no existe ninguna notificación de las autoridades, la petición se entenderá como desestimada (*ibidem*).

En caso de existir alguno de los siguientes condicionantes, el Ministerio del Interior, a petición del interesado o de oficio, podrá tramitar la solicitud por procedimiento de urgencia, lo que reduce a la mitad los plazos establecidos (Ley 12/2009):

a) que la solicitud la realicen personas con necesidades específicas, como menores no acompañados.
b) que expongan cuestiones no relacionadas con el examen de los requisitos para obtener la protección internacional.
c) que la persona proceda de un país seguro.
d) que el solicitante presente su petición transcurrido el plazo de un mes sin existir para ello ningún motivo justificado.
e) que la persona que realiza la petición haya cometido un delito contra la paz, un delito de guerra o un delito contra la humanidad o un delito grave con violencia e intimidación o relacionado con el crimen organizado.
f) que sea una persona que constituya un peligro para el país o para la comunidad.
g) que el interesado sea culpable de actos contrarios a los principios y objetivos de las Naciones Unidas.

6.5. Efectos de la concesión de la protección internacional

Cuando a una persona se le concede la protección internacional, ya sea en forma de derecho de asilo o de protección subsidiaria, esa persona no podrá ser enviada a su país de origen y tendrá autorización para residir y trabajar de forma permanente en España (Ley 12/2009). Asimismo, tendrá derecho a que se le expidan documentos de identidad y de viaje, a acceder a los servicios públicos de empleo, a la educación, a la asistencia sanitaria, a la vivienda y a la asistencia social y a los servicios sociales, a los programas de integración, a los programas de ayuda al retorno voluntario, a mantener la unidad familiar y a la libre circulación. Recibirán, también, una tarjeta roja que acredita su condición de refugiado o beneficiario de protección subsidiaria y que deben renovar periódicamente (Comisión Catalana de Ayuda al Refugiado, 2023).

6.5.1. Extensión familiar del derecho de asilo o de la protección subsidiaria

Para garantizar el mantenimiento de la unidad familiar de las personas beneficiarias de protección internacional, se podrá extender el reconocimiento de la condición de refugiado o la protección subsidiaria a otros miembros de la familia (Ley 12/2009), tales como:

a) ascendientes de primer grado que acrediten dependencia y descendientes de primer grado menores de edad.
b) cónyuge o pareja, salvo que exista divorcio, separación legal o separación de hecho.
c) otro adulto que dependa del beneficiario de la protección internacional.
d) otros miembros de la familia siempre que se haya comprobado la dependencia del beneficiario de protección internacional y la convivencia en el país de origen.

Las solicitudes de extensión familiar se instruirán por la Oficina de Asilo y Refugio, que las enviará para su estudio a la Comisión Interministerial de Asilo y Refugio para que haga una propuesta al ministro del Interior (Ley 12/2009).

Cuando el beneficiario de protección internacional y sus familiares sean de distinta nacionalidad pueden acogerse a la reagrupación familiar, incluso cuando se encuentren todos ya en territorio español. Tanto en este caso como en el caso de la extensión familiar del derecho de asilo o protección subsidiaria, las personas reagrupadas tendrán los mismos derechos y obligaciones que la persona reagrupante (*ibidem*).

Presentamos en el gráfico 11, a modo de ejemplo, la solicitud de extensión o reagrupación familiar del Ministerio del Interior:

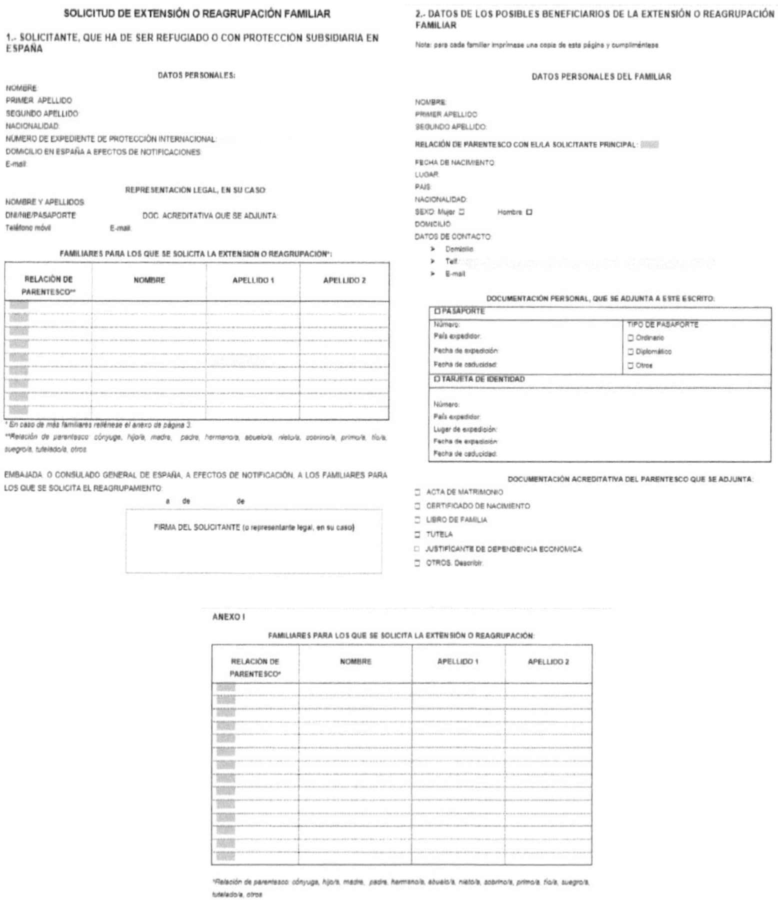

SOLICITUD DE EXTENSIÓN O REAGRUPACIÓN FAMILIAR

1.- SOLICITANTE, QUE HA DE SER REFUGIADO O CON PROTECCIÓN SUBSIDIARIA EN ESPAÑA

DATOS PERSONALES:

NOMBRE:
PRIMER APELLIDO:
SEGUNDO APELLIDO:
NACIONALIDAD:
NÚMERO DE EXPEDIENTE DE PROTECCIÓN INTERNACIONAL:
DOMICILIO EN ESPAÑA A EFECTOS DE NOTIFICACIONES:
E-mail:

REPRESENTACIÓN LEGAL, EN SU CASO:

NOMBRE Y APELLIDOS:
DNI/NIE/PASAPORTE: DOC. ACREDITATIVA QUE SE ADJUNTA:
Teléfono móvil: E-mail:

FAMILIARES PARA LOS QUE SE SOLICITA LA EXTENSION O REAGRUPACIÓN*:

RELACIÓN DE PARENTESCO**	NOMBRE	APELLIDO 1	APELLIDO 2

** En caso de más familiares rellénese el anexo de página 3.*
***Relación de parentesco: cónyuge, hijo/a, madre, padre, hermano/a, abuelo/a, nieto/a, sobrino/a, primo/a, tío/a, suegro/a, tutelado/a, otros*

EMBAJADA O CONSULADO GENERAL DE ESPAÑA, A EFECTOS DE NOTIFICACIÓN, A LOS FAMILIARES PARA LOS QUE SE SOLICITA EL REAGRUPAMIENTO:

a de de

FIRMA DEL SOLICITANTE (o representante legal, en su caso)

2.- DATOS DE LOS POSIBLES BENEFICIARIOS DE LA EXTENSIÓN O REAGRUPACIÓN FAMILIAR

Nota: para cada familiar imprímase una copia de esta página y cumpliméntese.

DATOS PERSONALES DEL FAMILIAR

NOMBRE:
PRIMER APELLIDO:
SEGUNDO APELLIDO:
RELACIÓN DE PARENTESCO CON EL/LA SOLICITANTE PRINCIPAL:
FECHA DE NACIMIENTO:
LUGAR:
PAÍS:
NACIONALIDAD:
SEXO: Mujer ☐ Hombre ☐
DOMICILIO:
DATOS DE CONTACTO:
- Domicilio
- Telf:
- E-mail

DOCUMENTACIÓN PERSONAL, QUE SE ADJUNTA A ESTE ESCRITO:

☐ PASAPORTE	
Número: País expedidor: Fecha de expedición: Fecha de caducidad:	TIPO DE PASAPORTE ☐ Ordinario ☐ Diplomático ☐ Otros
☐ TARJETA DE IDENTIDAD	
Número: País expedidor: Lugar de expedición: Fecha de expedición: Fecha de caducidad:	

DOCUMENTACIÓN ACREDITATIVA DEL PARENTESCO QUE SE ADJUNTA:

☐ ACTA DE MATRIMONIO
☐ CERTIFICADO DE NACIMIENTO
☐ LIBRO DE FAMILIA
☐ TUTELA
☐ JUSTIFICANTE DE DEPENDENCIA ECONOMICA
☐ OTROS. Describir:

ANEXO I

FAMILIARES PARA LOS QUE SE SOLICITA LA EXTENSIÓN O REAGRUPACIÓN:

RELACIÓN DE PARENTESCO*	NOMBRE	APELLIDO 1	APELLIDO 2

**Relación de parentesco: cónyuge, hijo/a, madre, padre, hermano/a, abuelo/a, nieto/a, sobrino/a, primo/a, tío/a, suegro/a, tutelado/a, otros*

Gráfico 11: Modelo de solicitud de extensión o reagrupación familiar (Fuente: Ministerio del Interior, s.f.[a])

6.6. Cese de la protección internacional

Las personas que gozan de la condición de refugiados pueden abandonar esta condición en los siguientes supuestos (Ley 12/2009):

1) así lo solicitan.
2) si vuelven de forma voluntaria a su país de origen.
3) si han obtenido la nacionalidad de un país distinto a España.
4) si han abandonado España y se han instalado en otro país.
5) si las circunstancias que existían en su país de origen (en su país de residencia anterior en el caso de los apátridas) por las que fueron reconocidos como refugiados han desaparecido permanentemente en opinión del Estado español.

Aquellas que personas que gozan de protección subsidiaria podrán abandonar esta condición en los siguientes supuestos (*ibidem*):

1) así lo solicitan.
2) si han abandonado España y se han instalado en otro país.
3) si las circunstancias que existían en su país de origen por las que fueron reconocidos como refugiados han desaparecido permanentemente en opinión del Estado español.

En ambos casos de cese de protección internacional, los implicados podrán seguir residiendo en España, según la normativa vigente sobre inmigración y extranjería.

6.7. Propuesta de actividades formativas

Con el objetivo de preparar a los futuros profesionales de la interpretación que trabajarán en entornos de inmigración y protección internacional, proponemos a continuación una serie de ejercicios de traducción a la vista y de interpretación que pueden resultar de utilidad.

Propuestas de documentos con los que practicar traducción a la vista:

- solicitud de reconocimiento del estatuto de apátrida
- solicitud de protección internacional
- solicitud de autorización de estancia y prórrogas
- solicitud de autorización de residencia temporal

- solicitud de Número de Identidad de Extranjero (NIE)
- solicitud de entrada en territorio español
- declaración jurada de cónyuge o pareja para reagrupación familiar
- comunicación al registro central de extranjeros de cambios de situación
- declaración del cumplimiento de la obligación de escolarización de menores a cargo en España
- declaración de la composición de los miembros de la unidad familiar
- resguardos de presentación de solicitud de protección internacional

En el caso de las prácticas de interpretación, proponemos volver al método del caso, creando supuestos comunicativos como los siguientes:

- situación ficticia en la que una persona solicita información sobre la protección internacional.
- entrevista entre las autoridades y el solicitante de protección internacional en una Comisaría.
- entrevista entre las autoridades y el solicitante de protección internacional en un puesto fronterizo.
- entrevista entre las autoridades y un solicitante que pida una evaluación de su solicitud por procedimiento de urgencia.
- situación ficticia en la que un ciudadano no pueda solicitar la protección internacional por delitos graves previos.
- situación ficticia en la que una persona solicite información en Extranjería sobre la extensión familiar de la protección internacional.

Independientemente de tratarse de actos jurídicos conviene recordar que, en muchos casos, quienes solicitan protección internacional dejan atrás circunstancias adversas. Por este motivo, sin olvidar el compromiso de imparcialidad contraído por el profesional de la interpretación, no debemos dejar pasar la oportunidad de utilizar el método del caso para fomentar la empatía, la adecuación del registro y la pertinencia de la actuación del intérprete.

Referencias bibliográficas

Acción contra el Hambre. (2022). *¿Cuál es la diferencia entre una ONG y una fundación?* Recuperado el 27 de diciembre de 2022, de https://www.accioncontraelhambre.org/es/diferencia-ong-fundacion

Acción contra el Hambre. (2022a). *¿Qué diferencia hay entre asilo y refugio? Ayuda para los afectados por la guerra.* Recuperado el 9 de noviembre de 2022, de https://www.accioncontraelhambre.org/es/diferencia-asilo-refugio

ACNUR. (11 de julio de 2016). *¿'Refugiado' o 'Migrante'? ¿Cuál es el término correcto?* Recuperado el 9 de noviembre de 2022, de ACNUR: https://www.acnur.org/noticias/noticia/2016/7/5b9008e74/refugiado-o-migrante-cual-es-el-termino-correcto.html

ACNUR. (septiembre de 2017). *Cómo crear una ONG: pasos legales.* Recuperado el 27 de diciembre de 2022, de https://eacnur.org/blog/crear-una-ong-pasos-legales-tc_alt45664n_o_pstn_o_pst/

ACNUR. (abril de 2017a). *Colaborar con ONG: ¿de qué formas puedes hacerlo?* Recuperado el 27 de diciembre de 2022, de https://eacnur.org/blog/colaborar-ong-formas-puedes-hacerlo/

ACNUR. (3 de mayo de 2018). *Migrantes y refugiados, ¿qué diferencia hay? ACNUR responde.* Recuperado el 6 de octubre de 2022, de https://eacnur.org/es/actualidad/noticias/emergencias/migrantes-y-refugiados-que-diferencia-hay-acnur-responde

ACNUR. (2022). *Personas desplazadas internas.* Recuperado el 9 de noviembre de 2022, de ACNUR: https://www.acnur.org/es-es/personas-desplazadas-internas.html

ACNUR. (2022a). *Solicitantes de asilo.* Recuperado el 9 de noviembre de 2022, de https://www.acnur.org/solicitantes-de-asilo.html

AECID. (2022). *Cooperantes.* Recuperado el 27 de diciembre de 2022, de https://www.aecid.es/ES/la-aecid/nuestros-socios/ongd/cooperantes

Asociación Española de Fundaciónes. (s.f.). *Crear una fundación.* Recuperado el 27 de diciembre de 2022, de https://abc.fundaciones.org/crear-una-fundacion/

CE Consulting Fundaciones y Asociaciones. (s.f.). *Guía para la creación de empresas*. Recuperado el 22 de diciembre de 2022, de https://www.crear-empresas.com/fundaciones

Comisión Europea. (2017). *Joint press release of the United Nations, the African Union and the European Union*. Obtenido de https://ec.europa.eu/commission/presscorner/detail/en/STATEMENT_17_5029

Comisión Europea. (2019). *EU Trust Fund for Africa: new migration-related actions to protect vulnerable people and foster resilience of host communities in North of Africa*. Obtenido de https://ec.europa.eu/commission/presscorner/detail/en/IP_19_3461

Consejería de Presidencia y Hacienda de la Región de Murcia. Modelo orientativo de acta fundacional de una asociación, s. f. Obtenido de https://sede.carm.es/documentos/1785/Anexo%202%20Modelo%20orientativo%20de%20Acta%20Fundacional%20Asociaci%C3%B3n.docx

Consejo Europeo. (31 de agosto de 2022). *Política de migración de la UE*. Recuperado el 3 de octubre de 2022, de https://www.consilium.europa.eu/es/policies/eu-migration-policy/#work

Consejo Europeo. (31 de agosto de 2022a). *Flujos migratorios en las rutas occidentales*. Recuperado el 4 de octubre de 2022, de https://www.consilium.europa.eu/es/policies/eu-migration-policy/western-routes/

Consejo Europeo. (31 de agosto de 2022b). *Flujos migratorios en la ruta del Mediterráneo central*. Recuperado el 5 de octubre de 2022, de https://www.consilium.europa.eu/es/policies/eu-migration-policy/central-mediterranean-route/

Constitución Española. (29 de diciembre de 1978). *Boletín Oficial del Estado, núm. 311*. Obtenido de https://www.boe.es/eli/es/c/1978/12/27/(1)/con

Comisión Catalana de Ayuda al Refugiado. (2023). *El sistema de protección internacional durante el periodo de estado de alarma*. Recuperado el 12 de enero de 2023, de https://www.ccar.cat/el-sistema-de-proteccion-internacional-durante-el-periodo-de-estado-de-alarma/

Comunidad de Madrid. (2022). Presentación de solicitud de asistencia jurídica gratuita. Obtenido de https://www.comunidad.madrid/servicios/justicia/asistencia-juridica-gratuita-presentacion-solicitud

Dirección General de Política Interior. (s.f.). Solicitud de protección internacional. Obtenido de https://web.icam.es/bucket/IMPRESOSOLICITUDPROTECCION%20INTERNACIONAL.pdf

Directiva 2010/64/UE, de 20 de octubre de 2010, relativa al derecho a interpretación y a traducción en los procesos penales. (26 de octubre de 2010). *Diario Oficial de la Unión Europea*. Recuperado el 10 de enero de 2023, de https://eur-lex.europa.eu/legal-content/ES/TXT/PDF/?uri=CELEX:32010L0064&from=ES

Fernández, R. (8 de junio de 2022). *Inmigración en España - Datos estadísticos*. Recuperado el 2 de noviembre de 2022, de Statista: https://es.statista.com/temas/5468/inmigracion-en-espana/#topicHeader__wrapper

Fernández, R. (24 de marzo de 2022a). *Número total de inmigrantes irregulares que llegaron a España entre 2015 y 2021*. Recuperado el 1 de noviembre de 2022, de Statista: https://es.statista.com/estadisticas/1039916/inmigrantes-irregulares-llegados-a-espana/

Fernández March, A. (2006). Metodologías activas para la formnación de competencias. *Educatio siglo XXI, 24*, 35-56.

Gobierno de Canarias. (s.f.). Modelo orientativo escritura de constitución de fundación. Obtenido de https://www.gobiernodecanarias.org/cmsgobcan/export/sites/entidadesjuridicas/_galerias/tpc_documentos/MODELO-ESCRITURA-NOTARIAL-CONSTITUCION-FUNDACION.doc

Gómez-Ferrer Rincón, R. (2007). Recurso de casación y unidad del ordenamiento jurídico. *Revista de administración pública, núm. 174*, 599-637.

Herranz Bascones, R. (2007). *Las ONG: un sistema de indicadores para su evaluación y gestión*. Palma de Mallorca: Università de les Illes Balears.

IDMC. (2022). *Global internal displacement database*. Recuperado el 9 de noviembre de 2022, de https://www.internal-displacement.org/database/displacement-data

Ilustre Colegio Provincial de Abogados de Ávila. (2022). *Formularios*. Obtenido de https://www.icaavila.com/icaavila/servicios-al-ciudadano/beneficios-de-justicia-gratuita/formularios

IPREM. (2022). *IPREM*. Recuperado el 2 de enero de 2023, de http://www.iprem.com.es/

Ley 1/1996, de 10 de enero, de asistencia jurídica gratuita. *Boletín Oficial del Estado, núm. 11.* de 12 de enero de 1996. https://www.boe.es/eli/es/l/1996/01/10/1/con

Ley 1/2000, de 7 de enero, de Enjuiciamiento Civil. *Boletín Oficial del Estado, núm. 7,* de 8 de enero de 2000. https://www.boe.es/eli/es/l/2000/01/07/1/con

Ley 12/2009, de 30 de octubre, reguladora del derecho de asilo y de la protección subsidiaria. *Boletín Oficial del Estado, núm. 263,* de 31 de octubre de 2009. https://www.boe.es/eli/es/l/2009/10/30/12/con

Ley 14/1986, de 25 de abril, General de Sanidad. *Boletín Oficial del Estado, núm. 102,* de 29 de abril de 1986. https://www.boe.es/eli/es/l/1986/04/25/14/con

Ley 16/2003, de 28 de mayo, de cohesión y calidad del Sistema Nacional de Salud. *Boletín Oficial del Estado, núm. 128,* de 29 de mayo de 2003. https://www.boe.es/eli/es/l/2003/05/28/16/con

Ley 49/2002, de 23 de diciembre, de régimen fiscal de las entidades sin fines lucrativos y de los incentivos fiscales al mecenazgo. *Boletín Oficial del Estado, núm. 307,* de 24 de diciembre de 2002. Obtenido de https://www.boe.es/eli/es/l/2002/12/23/49/con

Ley 50/1981, de 30 de diciembre, por la que se regula el Estatuto Orgánico del Ministerio Fiscal. *Boletín Oficial del Estado, núm. 11,* de 13 de enero de 1982. https://www.boe.es/eli/es/l/1981/12/30/50/con

Ley 50/2002, de 26 de diciembre, de Fundaciones. *Boletín Oficial del Estado, núm. 310,* de 27 de diciembre de 2002. https://www.boe.es/eli/es/l/2002/12/26/50/con

Ley Orgánica 1/1979, de 26 de septiembre, General Penitenciaria.. *Boletín Oficial del Estado, núm. 239,* de 10 de octubre de 1979. https://www.boe.es/eli/es/lo/1979/09/26/1/con

Ley Orgánica 1/2002, de 22 de marzo, reguladora del Derecho de Asociación. *Boletín Oficial del Estado, 73,* de 26 de marzo de 2002. https://www.boe.es/eli/es/lo/2002/03/22/1/con

Ley Orgánica 1/2004, de 28 de diciembre, de Medidas de Protección Integral contra la Violencia de Género. *Boletín Oficial del Estado, núm. 313,* de 29 de diciembre de 2004. https://www.boe.es/eli/es/lo/2004/12/28/1/con

Ley Orgánica 2/2006, de 3 de mayo, de Educación. *Boletín Oficial del Estado, núm. 106*, de 4 de mayo de 2006. https://www.boe.es/eli/es/lo/2006/05/03/2/con

Ley Orgánica 3/2020, de 29 de diciembre, por la que se modifica la Ley Orgánica 2/2006, de 3 de mayo, de Educación. *Boletín Oficial del Estado, núm. 340*, de 30 de diciembre de 2020. https://www.boe.es/eli/es/lo/2020/12/29/3/con

Ley Orgánica 4/1987, de 15 de julio, de la Competencia y Organización de la Jurisdicción Militar. *Boletín Oficial del Estado, núm. 174*, de 18 de julio de 1987. https://www.boe.es/eli/es/lo/1987/07/15/4/con

Ley Orgánica 5/1995, de 22 de mayo, del Tribunal del Jurado. *Boletín Oficial del Estado, núm. 122*, de 23 de mayo de 1995. https://www.boe.es/eli/es/lo/1995/05/22/5/con

Ley Orgánica 5/2015, de 27 de abril, por la que se modifican la Ley de Enjuiciamiento Criminal y la Ley Orgánica 6/1985, de 1 de julio, del Poder Judicial, para transponer la Directiva 2010/64/UE, de 20 de octubre de 2010, relativa al derecho a interpreta. *Boletín Oficial del Estado, núm. 101*, de 28 de abril de 2015. https://www.boe.es/eli/es/lo/2015/04/27/5

Ley Orgánica 6/1985, de 1 de julio, del Poder Judicial. *Boletín Oficial del Estado, núm. 157*, de 2 de julio de 1985. https://www.boe.es/eli/es/lo/1985/07/01/6/con

Ley Orgánica 7/2022, de 27 de julio, de modificación de la Ley Orgánica 6/1985, de 1 de julio, del Poder Judicial, en materia de Juzgados de lo Mercantil. *Boletín Oficial del Estado, núm. 180*, de 28 de julio de 2022. https://www.boe.es/eli/es/lo/2022/07/27/7

Ley Orgánica 8/2013, de 9 de diciembre, para la mejora de la calidad educativa. *Boletín Oficial del Estado, 295, de 10 de diciembre de 2013*. Obtenido de https://www.boe.es/eli/es/lo/2013/12/09/8/con

López Rey, J. A. (2010). La difícil clasificación de las ONG. ¿Qué es la acción social? En G. Hernández Rodríguez, & J. Leira López (Ed.), *Una visión social y educativa desde los servicios sociales*, 166-197.

Málaga Diéguez, I., Arias Álvarez, J. (2010). Los trastornos del aprendizaje. Definición de los distintos tipos y sus bases neurobiológicas. *Boletín de la Sociedad de Pediatría de Asturias, Cantabria, Castilla y León, vol. 50, núm. 211*, 43-47.

Ministerio de Cultura y Deporte. (s.f.). Modelo orientativo de Estatutos de una fundación. Obtenido de https://www.culturaydeporte.gob.es/dam/jcr:636104c9-3f0a-4914-bad9-6910b6d4485d/modelo-de-estatutos.doc

Ministerio de Educación y Formación Profesional. (s.f.). *educagob - Portal del sistema educativo español*. Recuperado el 13 de diciembre de 2022, de Información general sobre las enseñanzas deportivas de grado medio: https://educagob.educacionyfp.gob.es/va/ensenanzas/deportivas/grado-medio/evaluacion-promocion.html

Ministerio de Hacienda y Función Pública. (2 de septiembre de 2022). *Agencia Tributaria. Sede electrónica*. Recuperado el 2 de enero de 2023, de https://sede.agenciatributaria.gob.es/Sede/irpf/tengo-que-presentar-declaracion/declaracion-individual-conjunta.html

Ministerio del Interior. (s.f.). Modelo orientativo de estatutos para la constitución de asociaciones. Obtenido de https://www.interior.gob.es/opencms/pdf/servicios-al-ciudadano/asociaciones/inscripciones-registrales-de-las-asociaciones/inscripcion-de-fusion-de-asociaciones/Modelo_orientativo_estatutos_constitucion_asociaciones-1.docx

Ministerio del Interior. (s.f.[a]). Solicitud de extensión o reagrupación familiar. Obtenido de https://www.interior.gob.es/opencms/pdf/servicios-al-ciudadano/oficina-de-asilo-y-refugio/Proteccion-internacional/Informacion_solicitantes_Asilo_Espanol_126160083.pdf

Ministerio del Interior. (2016). *Información para los solicitantes de protección internacional en España: derecho de asilo y protección subsidiaria*. Ministerio del Interior. Obtenido de https://www.interior.gob.es/opencms/pdf/servicios-al-ciudadano/oficina-de-asilo-y-refugio/Proteccion-internacional/Informacion_solicitantes_Asilo_Espanol_126160083.pdf

Ministerio del Interior. (2022). *Oficina de Asilo y Refugio*. Recuperado el 10 de enero de 2023, de Presentación de la solicitud: https://www.interior.gob.es/opencms/es/servicios-al-ciudadano/tramites-y-gestiones/oficina-de-asilo-y-refugio/proteccion-internacional/presentacion-de-la-solicitud/

Ministerio de Justicia. (2 de diciembre de 2021). *Organización territorial*. Recuperado el 3 de enero de 2023, de https://www.mjusticia.gob.es/es/justicia-espana/organizacion-justicia/organizacion-juzgados/organizacion-territorial

Ministerio de Justicia. (11 de julio de 2022). *Asistencia Jurídica Gratuita*. Recuperado el 2 de enero de 2023, de https://www.mjusticia.gob.es/es/ciudadania/tramites/asistencia-juridica-gratuita

Ministerio de Sanidad, Servicios Sociales e Igualdad. (2012). Sistema Nacional de Salud. España 2012. Madrid.

Ministerio de Sanidad. (2022). Organismos Autonómicos de Salud. *Listado completo de Servicios Autonómicos de Salud*. Recuperado el 28 de diciembre de 2022, de https://www.sanidad.gob.es/organizacion/ccaa/directorio/home.htm

Naciones Unidas. (1945). *Carta de las Naciones Unidas*.

Naciones Unidas. (1951). *Convención sobre el Estatuto de los Refugiados*. Obtenido de https://eacnur.org/files/convencion_de_ginebra_de_1951_sobre_el_estatuto_de_los_refugiados.pdf

Nieto García, P. (2005). La interpretación social en la Policía Nacional, Guardia Civil y Policía Local de Segovia. En C. (.Valero Garcés, *Traducción como mediación entre lenguas y culturas / Translation as mediation or how to bridge linguistic and cultural gaps*, 192-202. Alcalá de Henares: Servicio de Publicaciones de la Universidad.

Nieto García, P. (2023 - en prensa). Necesidades formativas en mediación cultural. En M. d. Balbuena (Ed.), *La traducción y la interpretación en tiempos de pandemia*. Peter Lang.

Nieva Fenoll, J. (2015). El procedimiento de decomiso autónomo. En especial sus problemas probatorios. *Diario La Ley*.

OIM. (2015). *Medioambiente, cambio climático y migración: perspectiva y actividades de la OIM*. Obtenido de https://publications.iom.int/system/files/pdf/climatechangesp_final.pdf

Ortega Herráez, J. M. (2022). *Interpretación judicial*. Recuperado el 12 de enero de 2023, de AIETI: https://www.aieti.eu/enti/court_interpreting_SPA/

Oxfam Intermón. (2022). *La labor de las ONG en la sociedad actual*. Recuperado el 27 de diciembre de 2022, de https://blog.oxfamintermon.org/la-labor-de-las-ong-en-la-sociedad-actual/#Que_tipos_de_ONG_existen_en_la_actualidad

Parlamento Europeo. (2020). *Explorar las causas de la migración: ¿por qué migran las personas?* Recuperado el 9 de noviembre de 2022, de https://www.europarl.europa.eu/news/es/headlines/world/20200624S

TO81906/explorar-las-causas-de-la-migracion-por-que-migran-las-personas

Pérez Ortega, G., Arango Serna, M. D. y Sepúlveda Atehortua, L. Y. (2011). Las organizaciones no gubernamentales - ONG-: hacia la construcción de su significado. *Ensayos de Economía, núm. 38*, 243-260.

Plataforma de ONG de Acción Social. (2022). *El Tercer Sector de Acción Social en España 2021: respuesta y resiliencia durante la pandemia. Resumen ejecutivo.*

Poder Judicial. (2002). *Audiencias Provinciales y Tribunal del Jurado.* Recuperado el 3 de enero de 2023, de https://www.poderjudicial.es/cgpj/es/Poder-Judicial/Tribunales-Superiores-de-Justicia/TSJ-Aragon/Organos-judiciales/Organos-judiciales-en-Aragon/Audiencia-Provincial/

Real Decreto 385/1996, de 1 de marzo, por el que se establece el régimen retributivo e indemnizatorio del desempeño de las funciones de jurado. *Boletín Oficial del Estado, núm. 64*, de 14 de marzo de 1996. https://www.boe.es/buscar/pdf/1996/BOE-A-1996-5931-consolidado.pdf

Real Decreto-ley 16/2012, de 20 de abril, de medidas urgentes para garantizar la sostenibilidad del Sistema Nacional de Salud y mejorar la calidad y seguridad de sus prestaciones. *Boletín Oficial del Estado, núm. 98*, de 24 de abril de 2012. https://www.boe.es/eli/es/rdl/2012/04/20/16/con

Real Decreto-ley 7/2018, de 27 de julio, sobre el acceso universal al Sistema Nacional de Salud. *Boletín Oficial del Estado, núm. 183*, de 30 de julio de 2018. https://www.boe.es/eli/es/rdl/2018/07/27/7

Rodríguez Mojón, M. (1997). ¿Qué entendemos por Sociedad Civil? *Cuadernos de estrategia*, núm. 89, 17-36.

Ruiz-Ayúcar, M. (2 de julio de 2018). *Hacia una nueva definición de migrantes económicos y personas refugiadas.* Obtenido de Instituto de Estudios sobre Conflictos y Acción Humanitaria: https://iecah.org/hacia-una-nueva-definicion-de-migrantes-economicos-y-personas-refugiadas/

Sans, A., Boix, C., Colomé, R., López-Sala, A. y Sanguinetti, A. (2017). Trastornos del aprendizaje. *Pediatría Integral, XXI (1)*, 23-31.

Servicios CE Consulting Fundaciones y Asociaciones. (2022). *Principales diferencias entre una asociación y una fundación.* Recuperado el 27 de diciembre de 2022, de https://www.asesoriafundacionesyasociaciones.es/diferencias-entre-una-asociacion-y-una-fundacion/

UNICEF. (2022). *Cómo hacer un testamento solidario en 5 pasos*. Recuperado el 27 de diciembre de 2022, de https://www.unicef.es/colabora/otras-formas-de-colaborar/testamento-solidario/como-hacer-testamento-solidario

Valero Garcés, C. (2002). Traducir de y para los que llegan: una incipiente realidad. En C. y. Valero, *Traducción e Interpretación en los Servicios Públicos: nuevas necesidades para nuevas realidades* (págs. 63-72). Alcalá de Henares: Servicio de Public.epsaciones de la Universidad.

**Studien zur romanischen Sprachwissenschaft
und interkulturellen Kommunikation**

Herausgegeben von Gerd Wotjak, José Juan Batista Rodríguez und Dolores García-Padrón

Die vollständige Liste der in der Reihe erschienenen Bände finden Sie auf unserer Website
https://www.peterlang.com/view/serial/SRSIK

Band 110 Joaquín García Palacios / Goedele De Sterck / Daniel Linder / Nava Maroto / Miguel Sánchez Ibáñez / Jesús Torres del Rey (eds): La neología en las lenguas románicas. Recursos, estrategias y nuevas orientaciones. 2016.

Band 111 André Horak: Le langage fleuri. Histoire et analyse linguistique de l'euphémisme. 2017.

Band 112 María José Domínguez Vázquez / Ulrich Engel / Gemma Paredes Suárez: Neue Wege zur Verbvalenz I. Theoretische und methodologische Grundlagen. 2017.

Band 113 María José Domínguez Vázquez / Ulrich Engel / Gemma Paredes Suárez: Neue Wege zur Verbvalenz II. Deutsch-spanisches Valenzlexikon. 2017.

Band 114 Ana Díaz Galán / Marcial Morera (eds.): Estudios en Memoria de Franz Bopp y Ferdinand de Saussure. 2017.

Band 115 Mª José Domínguez Vázquez / Mª Teresa Sanmarco Bande (ed.): Lexicografía y didáctica. Diccionarios y otros recursos lexicográficos en el aula. 2017.

Band 116 Joan Torruella Casañas: Lingüística de corpus: génesis y bases metodológicas de los corpus (históricos) para la investigación en lingüística. 2017.

Band 117 Pedro Pablo Devís Márquez: Comparativas de desigualdad con la preposición de en español. Comparación y pseudocomparación. 2017.

Band 118 María Cecilia Ainciburu (ed.): La adquisición del sistema verbal del español. Datos empíricos del proceso de aprendizaje del español como lengua extranjera. 2017.

Band 119 Cristina Villalba Ibáñez: Actividades de imagen, atenuación e impersonalidad. Un estudio a partir de juicios orales españoles. 2017.

Band 120 Josefa Dorta (ed.): La entonación declarativa e interrogativa en cinco zonas fronterizas del español. Canarias, Cuba, Venezuela, Colombia y San Antonio de Texas. 2017.

Band 121 Celayeta, Nekane / Olza, Inés / Pérez-Salazar, Carmela (eds.): Semántica, léxico y fraseología. 2018.

Band 122 Alberto Domínguez Martínez: Morfología. Procesos Psicológicos y Evaluación. 2018.

Band 123 Lobato Patricio, Julia / Granados Navarro, Adrián: La traducción jurada de certificados de registro civil. Manual para el Traductor-Intérprete Jurado. 2018.

Band 124 Hernández Socas, Elia / Batista Rodríguez, José Juan / Sinner, Carsten (eds.): Clases y categorías lingüísticas en contraste. Español y otras lenguas. 2018.

Band 125 Miguel Ángel García Peinado / Ignacio Ahumada Lara (eds.): Traducción literaria y discursos traductológicos especializados. 2018.

Band 126 Emma García Sanz: El aspecto verbal en el aula de español como lengua extranjera. Hacia una didáctica de las perífrasis verbales. 2018.

Band 127 Miriam Seghiri. La lingüística de corpus aplicada al desarrollo de la competencia tecnológica en los estudios de traducción e interpretación y la enseñanza de segundas lenguas. 2020.

Band 128 Pino Valero Cuadra / Analía Cuadrado Rey / Paola Carrión González (eds.): Nuevas tendencias en traducción: Fraseología, Interpretación, TAV y sus didácticas. 2018.

Band 129 María Jesús Barros García: Cortesía valorizadora. Uso en la conversación informal española. 2018.

Band 130 Alexandra Marti / Montserrat Planelles Iváñez / Elena Sandakova (éds.): Langues, cultures et gastronomie : communication interculturelle et contrastes / Lenguas, culturas y gastronomía: comunicación intercultural y contrastes. 2018.

Band 131 Santiago Del Rey Quesada / Florencio del Barrio de la Rosa / Jaime González Gómez (eds.): Lenguas en contacto, ayer y hoy: Traducción y variación desde una perspectiva filológica. 2018.

Band 132 José Juan Batista Rodríguez / Carsten Sinner / Gerd Wotjak (Hrsg.): La Escuela traductológica de Leipzig. Continuación y recepción. 2019.

Band 133 Carlos Alberto Crida Álvarez / Arianna Alessandro (eds.): Innovación en fraseodidáctica. tendencias, enfoques y perspectivas. 2019.

Band 134 Eleni Leontaridi: Plurifuncionalidad modotemporal en español y griego moderno. 2019.

Band 135 Ana Díaz-Galán / Marcial Morera (eds.): Nuevos estudios de lingüística moderna. 2019.

Band 136 Jorge Soto Almela: La traducción de la cultura en el sector turístico. Una cuestión de aceptabilidad. 2019.

Band 137 Xoán Montero Domínguez (ed.): Intérpretes de cine. Análisis del papel mediador en la ficción audiovisual. 2019.

Band 138 María Teresa Ortego Antón: La terminología del sector agroalimentario (español-inglés) en los estudios contrastivos y de traducción especializada basados en corpus: los embutidos. 2019.

Band 139 Sara Quintero Ramírez: Lenguaje creativo en el discurso periodístico deportivo. Estudio contrastivo en español, francés e inglés. 2019.

Band 140 Laura Parrilla Gómez: La interpretación en el contexto sanitario: aspectos metodológicos y análisis de interacción del intérprete con el usuario. 2019.

Band 141 Yeray González Plasencia: Comunicación intercultural en la enseñanza de lenguas extranjeras. 2019.

Band 142 José Yuste Frías / Xoán Manuel Garrido Vilariño (Hrsg.): Traducción y Paratraducción. Líneas de investigación. 2020.

Band 143 María del Mar Sánchez Ramos: Documentación digital y léxico en la traducción e interpretación en los servicios públicos (TISP): fundamentos teóricos y prácticos. 2020.

Band 144 Florentina Mena Martínez / Carola Strohschen: Teaching and Learning Phraseology in the XXI Century. Phraseologie Lehren und Lernen im 21. Jahrhundert. Challenges for Phraseodidactics and Phraseotranslation. Herausforderungen für Phraseodidaktik und Phraseoübersetzung. 2020.

Band 145 Yuko Morimoto / Rafael García Pérez: De la oración al discurso: estudios en español y estudios contrastivos. 2020.

Band 146 Miguel Ibáñez Rodríguez: ENOTRADULENGUA. Vino, lengua y traducción. 2020.

Band 147 Miguel Ángel García Peinado / José Manuel González Calvo: Estudios de literatura y traducción. 2020.

Band 148 Fernando López García: La involuntariedad en español. 2020.

Band 149 Julián Sancha Vázquez: La injerencia del sexo en el lenguaje. Dos siglos de historia del género gramatical en español. 2020.

Band 150 Joseph García Rodríguez: La fraseología del español y el catalán. Semántica cognitiva, simbolismo y contrastividad. 2020.

Band 151 Melania Cabezas-García: Los términos compuestos desde la Terminología y la Traducción. 2020.

Band 152 Inmaculada Clotilde Santos Díaz: El léxico bilingüe del futuro profesorado. Análisis y pautas para estudios de disponibilidad léxica. 2020.

Band 153 Alfonso Corbacho: Nuevas reflexiones sobre la fraseología del insulto. 2020.

Band 154 Míriam Buendía Castro: Verb Collocations in Dictionaries and Corpus: an Integrated Approach for Translation Purposes. 2020.

Band 155 Guiomar Topf Monge: Traducir el género. Aproximación feminista a las traducciones españolas de obras de Annemarie Schwarzenbach. 2020.

Band 156 Miriam Seghiri / Lorena Arce-Romeral: La traducción de contratos de compraventa inmobiliaria: un estudio basado en corpus aplicado a España e Irlanda. 2021.

Band 157 Emmanuel Bourgoin Vergondy / Ramón Méndez González (eds.): Traducción y paratraducción: lineas de investigación II. 2021.

Band 158 Clara Inés López Rodríguez / Beatriz Sánchez Cárdenas: Theory and Digital Resources for the English-Spanish Medical Translation Industry. 2021.

Band 159 Alicia Mariscal: Categorización de los errores ortográficos en zonas de contacto lingüístico entre inglés y español. 2021.

Band 160 Esther Linares Bernabéu: Gender and Identity in Humorous Discourse Genero e identidad en el discurso humorístico. 2021.

Band 161 Matteo De Beni / Dunia Hourani-Martín (eds.): Corpus y estudio diacrónico del discurso especializado en español. 2021.

Band 162 María Clara von Essen: Identidad y contacto de variedades. La acomodación lingüística de los inmigrantes rioplatenses en Málaga. 2021.

Band 163 Juana Luisa Herrera Santana / Ana Díaz-Galán: Aportaciones al estudio de las lenguas. Perspectivas teóricas y aplicadas. 2021.

Band 164 Juan M. Carrasco González: Dialectología fronteriza de Extremadura. Descripción e historia de las variedades lingüísticas en la frontera extremeña. 2021.

Band 165 Álvaro Molina García: Fundamentos acústico-perceptivos de la escisión prestigiosa de /θ/. Estudio sociofonético en Málaga. 2021.

Band 166 Pau Bertomeu Pi: Peticiones en alemán y español. Un estudio contrastivo a partir de "Gran Hermano". 2022.

Band 167 Teresa Ortego Antón: La investigación en tecnologías de la traducción. Parámetros de la digitalización presente y la posible incidencia en el perfil de los futuros profesionales de la comunicación interlingüística. 2022.

Band 168 Jaime Sánchez Carnicer: Traducción y discapacidad. Un estudio comparado de la terminología inglés-español en la prensa escrita. 2022.

Band 169 Juan Manueal Ribes Lorenzo: Las palabras diacríticas en fraseología histórica. 2022.

Band 170 Patricia Buján Otero / Lara Domínguez Araújo (eds.): Traducción & Paratraducción III. 2022.

Band 171 Juan Cuartero Otal / Montserrat Martínez Vázquez / Regina Gutiérrez Pérez / Juan Pablo Larreta Zulategui (eds.): La interfaz Léxico-Gramática. Contrastes entre el español y las lenguas germánicas. 2022.

Band 172 Miguel Ibáñez Rodríguez: Enotradulengua. Géneros y tipos textuales en el sector del vino. 2022.

Band 173 Sara Quintero Ramírez: Estudio pragmático-textual de marcadores discursivos en crónicas audiovisuales de eventos deportivos. 2022.

Band 174 Yeray González Plasencia / Itziar Molina Sangüesa (eds.): Enfoques actuales en investigación filológica. 2022.

Band 175 Irma Mora Aguiar: De Numidia a Canarias: el viaje de la escritura líbico-bereber. 2022.

Band 176 Ferreiro-Vázquez, Óscar (ed.): Avances en las realidades traductológicas: tecnología, ocio y sociedad a través del texto y del paratexto. 2022.

Band 177 Félix Rodríguez González (ed.): Anglicismos en el español contemporáneo. Una visión panorámica. 2022.

Band 178 María del Mar Sánchez Ramos / Celia Rico Pérez (ed.): La traducción automática en contextos especializados. Una visión panorámica. 2022.

Band 179 Alicia Mariscal: Bilingüismo y contacto lingüístico en la comunidad de Gibraltar a partir del análisis contrastivo y de errores. 2022.

Band 180 María Araceli Losey León / Gloria Corpas Pastor: La terminología del dominio de la seguridad de la navegación marítima en inglés y en español. 2022.

Band 181 María del Mar Sánchez Ramos (ed.): Investigaciones recientes en traducción y accesibilidad digital. 2022.

Band 182 Encarnación Tabares Plasencia: Terminología y fraseología jurídicas en el "Libro de buen amor". 2022.

Band 183 Catalina Iliescu-Gheorghiu: Metodología de análisis traductológico. El modelo Lambert-Van Gorp y su aplicación a una revista de propaganda cultural durante la Guerra Fría. 2022.

Band 184 Amor López Jimeno: Estereotipos y pragmática intercultural en la pantalla. El humor como estrategia de aprendizaje y mediación. 2023.

Band 185 Ricardo Connett: El populismo como discurso en Venezuela y en España (1999-2018). Estudio de textos de Hugo Chávez y Pablo Iglesias. 2023.

Band 186 Elke Cases Berbel: Turismo, flujos migratorios y lengua. 2023.

Band 187 Dunia Hourani-Martín: Fraseología en el discurso jurídico-ambiental. Las construcciones verbonominales desde una perspectiva contrastiva (español-alemán). 2023.

Band 188 Demnächst erhältlich / próximamente

Band 189 Demnächst erhältlich / próximamente

Band 190 Demnächst erhältlich / próximamente

Band 191 Paola Nieto García: Contextos de interpretación social en España. 2023.

Band 192 Leticia Santamaría Ciordia: Nuevas tecnologías para la interpretación remota. Progresos y retos para la formación y la profesión. 2023.

Band 193 Demnächst erhältlich / próximamente

Band 194 Demnächst erhältlich / próximamente

Band 195 Demnächst erhältlich / próximamente

Band 196 Félix Rodríguez González: Estudio particular de algunos anglicismos. Perspectivas lingüísticas. 2023.

www.peterlang.com

www.ingramcontent.com/pod-product-compliance
Ingram Content Group UK Ltd.
Pitfield, Milton Keynes, MK11 3LW, UK
UKHW040216170426
5217IPUK00050B/24